ヨーロッパ社会思想史

Europe

新版

山脇直司

東京大学出版会

A History of European Social Thought
[Revised Edition]
Naoshi Yamawaki
University of Tokyo Press, 2024
ISBN 978-4-13-013154-4

新版の読者へ

この度、一九九二年三月に刊行され、長きにわたって読み継がれてきた本書を復刊するにあたって、刊行当時の本書執筆の意図と本書の独自性について述べておきたい。

一九八八年四月から東京大学教養学部で社会思想史の講義を持つことになった著者は、それまでに刊行されている社会思想史のテキストの多くが、マルクス主義を含めた近代啓蒙主義的な進歩史観に立脚していて内容的に偏っているという不満から、テキストは用いず、著者自身がミュンヘン大学（哲学部）留学時代に得た体系的知識を基に、最初の三年間は板書しながら長いスパンでヨーロッパ社会思想史を捉える内容の講義を進めた。そしてその間のヨーロッパでは、予期せぬ形で一九八九年一一月にベルリンの壁が崩壊し、瞬く間に長らく続いた東西冷戦体制が終焉して、ソビエト連邦も解体を迎えるような状況となった。そのような時代の激変にも刺激され、講義内容を発展させる形で一冊の本にまとめたいという思いで、一九九一年の初夏から半年かけ手書きで書き下ろして誕生したのが本書である。

著者はその際、古代ギリシアの政治思想の詳細な記述から出発している政治思想史や政治学史の代表的なテキストから刺激を受けつつ、それらには経済が政治から分離し始めた一九世紀以降の内容が希薄という不備があり、それを十分に補う内容を備えたテキストを執筆したいという思いを抱いていた。著者はまた、宗教が社会を大きく動かし、自然観の転換が近代科学を生んだ半面、生態学的危機を生み出しているという問題意識から、それまでの社会思想史や政治思想史には欠けている宗教思想と自然観の転換についても、きちんと取り込んで（位置づけて）おきたいという思いも強くあった。「本書では、社会思想が政治思想や経済思想を内にふくみ、宗教や科学思想（今ではむしろ自然観と書くべきであったと思っている）とも連関するという包括的な立場から、巨視的な考察を試みている」と旧版の「はじめに」の最後に記したのはそのような著者の意図を反映している。さらにそうした意図に加えて、読者諸氏には、本書が単なる学説史ではなく、温故知新という観点から思想史を捉えてほしいという意図から、各章の末尾に「……と現代」という項目を設けることにした。

そればかりではない。「ヨーロッパ」社会思想史という冠を付けることによって、グローバル的な視座でヨーロッパの社会思想史を相対化し、特に日本を含めた世界各国に影響を与えたヨーロッパ近代啓蒙主義思想の「意義と特殊性」を浮き彫りにしたいという逆説的な意図を著者が密かに抱いていたことも、ここで明記しておきたい。

いずれにせよ、著者は三〇年以上も前に書かれた本書の賞味期限はほとんど切れていないと確信している。本書で足りなかった箇所や本書刊行以降三〇年余りに生じた社会思想的課題の展開については「あとがき」に記したので、読者の方には本書を熟読した上で、「あとがき」を読み、尽きることのない社会思想史の醍醐味を味わってもらいたいと思う。

二〇二三年一〇月末日

著　者

はじめに

本書は、古代・中世から近代、そして現代思想のダイナミックな流れを通してヨーロッパ社会を根源的に把握するための概説書であり、学生のみならず、広く社会思想に興味をもつ一般の方々にも読まれることを想定している。

一九八九年十一月に「ベルリンの壁」が崩壊して以来、ヨーロッパ社会の激変はドラマティックな勢いで進展しており、ソ連邦の解体やEC統合もからんで「新しいヨーロッパ」への関心が急速に高まってきた。今や、ヨーロッパなるものが既知の所与ではなく、経済的・政治的・文化的な統合体として新たに創出さるべき課題となったといってよい。そうした状況のなかで、ヨーロッパの思想家たちがこれまでどのような社会観を抱き、また何を追求してきたかを体系的に捉えなおすことは、新しいヨーロッパを理解するためにも欠かすことのできない前提となろう。

新しいヨーロッパは決して長い伝統との断絶のうえに築かれるわけではない。たとえば、現在ヨーロッパが乗り越えをめざしている「国家主権」は特殊近代的な思想であるが、それを古代ギリシアの「人間‐社会」観や中世キリスト教思想の正の遺産にたち返って相対化しようとする議論も広く行なわれている。本書が従来の社会思想史のテキストと異なり近代から出発しないのは、そうした長い伝統のコンテキストにおいてヨーロッパ社会のエートスを考えてみたいからである。とはいえ、本書は近代思想の重要性をいささかも過小評価していない。ヨーロッパ近代が獲得した思想的地平の上に、現代の激変もまた推移しているのであり、過去の批判と乗り越えというテーマも、近代思想の総体をできるかぎり公平に視野に収めることによって、はじめて充実した内容をもちうるからである。

本書の叙述のしかたに少し触れておこう。まず古代・中世（第一—二章）と近代（第三—五章）の各章では、われわれを挑発してやまない古典のアクチュアリティを鮮明にするため、末尾にそれらの現代性がまとめられている。もとよりこれは一つの観点にすぎず、読者の方々が直接それらの古典にあたられて、共に考えてくださることを期待して記した。また、どのような時代も多様な広がりをもち、同時期の思想家がたがいに論争関係に立つ場合も少なくない。たとえば、古代におけるソフィストたちとプラトン、中世におけるトマス・アクィナスとオッカム、近代におけるマキアヴェリとモア、エラスムスとルター、ホッブズとロックとルソー、アダム・スミスと社会主義者たち等々。本書は、このような論争史的局面をも重視している。

そして現代（第六—七章）では、十九世紀後半以降の社会と深いかかわりをもつ諸思想を取り上げ、最後に、ヨーロッパのみならず地球上の人類共同体が今日かかえる、大きないくつかの課題を定式化することで締めくくりとした。思想史の叙述においては、対象が現在に近づけば近づくほど、その評価も分かれることが多い。その意味で、これらの部分には多分に筆者の考えが反映されていることをお断わりしておく。本書では、社会思想が政治思想や経済思想を内にふくみ、宗教や科学思想とも連関するという包括的な立場から、巨視的な考察を試みている。本書に続き、現代において新しい包括的な社会哲学を展開することは、筆者の大きなテーマである。

一九九二年一月

目次

II 近代

第三章 政治・宗教・自然観の転換 047

I　古代・中世

古代・中世は、ヨーロッパ社会思想史において格別の位置を占めている。まさに揺籃期というにふさわしく、この時期に後世にはかり知れない影響を及ぼした哲学とキリスト教とが誕生し、ヨーロッパ精神の塑型ともいうべき「人間‐社会」観が呈示されたからである。それはまた決して一様ではなく、バラエティに富んでいた。ここではその流れを、ポリスを中心に展開された古代ギリシア（第一章）と、古代末期から中世後期にいたる時代（第二章）とに大別し、まとめていきたい。

第一章　古代ギリシアの社会思想

ヨーロッパの哲学は、前六世紀ころに古代ギリシアのイオニア学派やピュタゴラス学派によって幕を開けた。しかし彼らの関心は主として自然の始源（アルケー）や構造を問うことに向けられており、「人間と社会」についての本格的な思想の出現は、前五世紀の後半に活躍したソフィストたちを待たねばならない。彼らが呈示したさまざまな見解が発端となって、ソクラテス、プラトン、アリストテレスの社会思想が展開されてゆくのである。

まず、そうした揺籃期をはぐくんだ当時の社会状況からみていこう。

古代ギリシアでは「ポリス（polis）」と呼ばれる小さな都市国家が分立して、それぞれが一個の政治社会を形成していた。ポリスは、公共の広場であるアゴラを中心とする町と、それを取り囲む田園とからなっていた。しかし、「アテナイとは、城壁やその他の土木施設のことではなく、アテナイ人のことである」（ペリクレス）という言葉に象徴されるように、ポリスがポリスたるゆえんは、それがなによりも人的共同体を意味した点にある。

各ポリスは、自由市民とその家族（女性、子供、奴隷）および在留外国人によって構成されていた。自由市民たりうるのは成年男子だけであったが、一定の土地を所有するかぎり彼らには参政権が与えられた。「民主制（デーモクラティアー）」の語は、ポリスのそれぞれの区に住む民衆（デーモス）が他のすべてに対して優先することを意味している。この民主制において古代ギリシアは、専制君主が支配した西アジアの諸国と決定的に異なっていたのである。

このポリス的秩序も、はじめはごく少数の富裕者が政治を独占する寡頭制であったが、いくつかの改革をへて、しだいに下層市民も政治に参加できる民主制へと移行していった。アテナイでは、ペルシア戦争の勝利がその傾向を加速し、ペリクレス（前四九五—二九）の指導のもとに最盛期を迎える。そこでは全市民が参政権をもち、能力さえあれば政治家や役人になることができ、国政も全市民の総会である「民会」で決定された。

とはいえこの時代、アテナイは他のポリスとの国際関係においては露骨な覇権政策をおし進め、在留外国人がアテナイ市民に帰化することも許されなくなった。最も頻繁に奴隷が売買されたのも、この時代といわれる。そうした覇権主義に対して前四三一年、スパルタが宣戦布告してペロポネソス戦争が勃発する。アテナイは指導者ペリクレスを失ってのち、民衆煽動者（デーマゴーゴス）に操られて苦境におちいり、ついにこの内戦はスパルタの勝利におわる。その後はポリス内およびポリス間の抗争が絶えず、貧富の差も増大して一種アナーキーな精神状況がアテナイを支配するにいたった。

I　ソフィストたちの社会思想

ペリクレス時代に、青年たちにすぐれた市民としての技能を教授する目的で登場したのが、ソフィスト（知者）と呼ばれる一群の教養人である。のちのヨーロッパの教養理念の母胎もこの時期につくられた。彼らはギリシア各地からアテナイを訪れて職業的な教師となり、一大啓蒙運動の担い手となったが、その言行がペロポネソス戦争後に重大な社会思想的問題を生みだすことになる。

弁論術とその陥穽

ソフィストの多くは自ら徳（アレテー）の教師であることを自負していたが、教育するうえにおいて実際にもっとも重視したのは弁論術（レトリケー）であった。言論の国アテナイでひとかどの人物となるには、なによりも人びとを説得する能力が必要だったからである。しかし後にはゴルギアス（前五〇〇／四八四─三九一／七五）のように、弁論の術そのものが至上とされて、説得それ自体の正当性は問われなくなる。ここに、ソフィストたちの大きな陥穽があったといってよい。もし、事柄の真理や善し悪しが各自の主観にゆだねられ、これをどのように伝えるかというだけのレトリックの問題にすりかえられるならば、弁論術は人をあざむくための武器、詭弁術に堕してしまうし、担い手たる人間の徳が問われぬなら、説得のためにへつらうことも常套手段となろう。実際にこのような危険性は、スパルタとの戦争のさなか、デーマゴーゴスたちの活躍によって露呈していった。

ピュシスとノモス

ペロポネソス戦争期のソフィストたちが提起した、より大きな問題は、ピュシス（自然）とノモス（人為）の対立である。エレア派の影響もあって、この時期にギリシア語の「ピュシス」は、事物の始源というよりは事物の自然本性を意味するようになっていた。そうしたなか、人間が持って生まれたピュシス（自然本性）こそ不変で信憑性があり、ノモス（法・規範）は人為的につくられたがゆえに可変的で信頼できない、と発言する多くのソフィストが現われた。これらはポリス的伝統に対する批判的言説であったが、他面、いわば当時の国際人であった彼らはノモスが各ポリスによって異なるという知見を踏まえていたともいえる。しかし、いったい人間のピュシスは何であるのかという問題、そして正義をどう考えるのかに関して、ソフィストたちの見解は分かれた。いまそれを類型化して示すと、

(a)人間のピュシスを万人が平等に分けもつ真理とみなし、ノモスの正義を、基本的にピュシスに反するしかたで制定されたとする二元論。この見解の代表者アンティポンは、「証人がいるときはノモスを尊重し、自分ひとりきりで証人がいないときはピュシスの命令を尊重する」生き方を説いた。

(b)逆に、人間のピュシスは本来、不平等であり、強者の権利こそ真の正義であるのに、その正義をノモスが窒息させていると説く見解。プラトンの『ゴルギアス』に登場するカリクレスは、「よりすぐれた者がより劣った者より、また、より力ある者が力のない者より余計に持つこと」をピュシスの正義とみなし、ノモスが「最もすぐれた者、最も力ある者たちを型にはめる」がゆえに、打破さるべきと主張した。

(c)人間のピュシスを闘争とみて、ノモスを弱者救済のための便宜的な契約にすぎないとする見解。これを代弁するのが、プラトンの『国家』第二巻に登場するグラウコンである。すなわち彼は「不正をはたらきながら罰を受けないという最善のことと、不正な仕打ちを受けながら仕返しをする能力がない最悪のこととの、中間的な妥協」として、ノモスの定めた正義を捉える。

(d)正義とは、体制のいかんを問わず支配者の利益以外のなにものでもないとする見解。『国家』第一巻で発言するトラシュマコスによれば、「支配階級は、それぞれ自分の利益に合わせてノモスを制定し、……それを正しいことと宣言し、……お人好しである正しい人びとを支配する」。これは、カリクレスのような強者のイデオロギーを擁護する見解とは違って、一つの徹底したシニシズムといえるだろう。

以上、ソフィストたちのピュシス観や正義観は百家争鳴の観を呈しているが、ノモスを真ならざるものとみなす点では一致している。ポリスの共同体を基礎づける社会正義の問題は、真剣に考えるに値しないものとしてあしらわれたのである。所与の真理としてのピュシスと二項対立的にノモスが捉えられるかぎり、課題としてのピュシスにもとづいてノモスを根拠づけるという発想は、ソフィストたちに思いおよばなかった。この間隙を突くかたちで登場したのがソクラテスである。

2　ソクラテスの挑戦と死

はじめソフィストの一人とみられていたソクラテス（前四七〇頃―三九九）は、当時の政界（民主派）の有力者と一弁論家との陰謀によってメレトスという青年に告訴され、裁判の結果、有罪判決を受ける。罪状は「青年たちに害毒をあたえ、国の神々を認めずに別の神ダイモンを祀っている」というものであった。裁判から刑死にいたるまでの彼の言行は、プラトンの『ソクラテスの弁明』と『クリトン』に描かれている。

魂への配慮と無知の自覚

ソクラテスは、五〇〇名もの陪審員を前にしていささかもひるむことなく、自己の思想を開陳する。すなわち、いっさいの物事の価値を決めるのは「個々人の魂（いのち）の卓越性（徳）」であり、それにくらべれば、権力、評判、名誉、富などは無に等しい。ソフィストたちが重視した弁論術も、人間の魂がすぐれていてこそ、その価値が決まるのであり、弁論の巧みさが魂の価値を決めるのではない。したがって、なによりも配慮しなければならないのは魂の向上であり、その意味で人間のピュシスとは生まれつき与えられたものではなく、努力によって「獲得されるべきもの」なのである。

このような魂論は、必然的に人間の知のありかたをも規定する。デルフォイの神託から受け取ったメッセージにもとづき、ソクラテスは、自らの無知を自覚しつつ知恵を探求する道を説く。すなわち、いっさいの知の探求は、まず「無知の自覚」から出発しなければならない。いわば自らの無知をばねとすることによって、根底から新たな知を獲得するという基本姿勢こそ知者にふさわしく、魂をみがく生き方と両立する。ソクラテスが青年たちに伝授したかったのは、このように魂と知の両次元で自らの生を不断に吟味してゆく生き方であった。そしてまさにそれゆえに、彼はあえて自らを「大きな馬を目ざめさせる一匹の虻《あぶ》」になぞらえつつ、人びとを挑発したのである。

裁判にあっても彼はその姿勢をつらぬき、のちの刑量の申し立てにおいても、他の人びとからみて妥当と思われる国外追放刑を拒み、ついには死刑を宣告される。

善く生きること＝正義

判決後も、脱獄を勧める友人たちの好意を、ソクラテスは次のような信念によって拒否した。それは「いかなる場合においても、不正を行なったり不正の仕返しをしたりすることは当を得たことではなく、害悪を受けてもその仕返しに害毒を与えるような自衛は不当」というものである。たとえ告訴が不当であれ、アテナイ市民にとって法（ノモス）は神聖なポリスとの約束である。刑量の申し立てにおいて妥当と思われる刑を選ばなかったのに、刑が確定してからそれをくつがえすような行為に出ることは、ソクラテスにとってやはり不当なことであった。当時の精神の荒廃に抗して、「善く生きること」を正義と考える彼は、こうして自らすすんで毒杯を仰いだのである。

このソクラテスの刑死は、彼の弟子たちに大きな衝撃を与えずにはおかなかった。ソクラテス自身は、正義のために闘うため自らを一人の私人としか規定しなかったが、彼の言行をソフィストたちに対する大きな思想的挑戦と受けとめ、そこから独自に一つの大きな理論体系を打ち立てたのがプラトンである。

3　プラトンの国家論

アテナイの名門貴族の出であるプラトン（前四二七―三四七）は、はやくからソクラテスと親しく交わり、その影響を受けた。プラトン二十八歳のときのソクラテス刑死事件は、彼をして政治と哲学を統合する理論の構築へと向かわせることになる。

彼は一二年ほど諸国を遍歴してエレア学派やピュタゴラス学派の思想を吸収したが、イタリアのシシリー島ではディオニシオス一世の暴政を身をもって体験した。この体験によって、ソクラテスを殺した民主制への嫌悪にもまして、僭主独裁制の恐ろしさを認識する。やがてアテナイへ帰国した彼は、前三八七年ころに「アカデメイア」と呼ばれる学園を創設し、そこで天文学・数学・幾何学・哲学などの教育を行なうとともに、理想国家の統治者たる資格をもった人間の養成をめざした。このアカデメイアは、ローマ皇帝ユスチニアヌスの禁令にいたるまで九〇〇年あまりにわたって存続し、多くの傑出した学者を生むことになる。プラトンはソクラテスの問題提起を踏まえつつも、ソクラテスにはなかったさまざまな思想の途を拓いた。晩年にいたって、自らの政治思想を実現すべくシシリー島を訪れ、若きディオニシオス二世を教育しようとしたが、これは蹉跌に終わる。

プラトンの著作の多くは、異なる見解をいだく複数の人間が問答しあい、その結果、真理の洞察にいたるというスタイルで記されている。そのなかで社会思想としてもっとも重要なのは『国家《ポリーテイアー》』である。

正義論

全十巻からなる『国家』でプラトンは、トラシュマコスやグラウコンに抗して独自の正義論を呈示することをめざした。それは国家社会と個人という二つのレベルで論じられる。

国家はまず「知恵、勇気、節制」をかね備えてこそすぐれた国家といえる。さらにポリス全体は「生産者、軍人、政治家（統治者）」という三つの階層によって分業され、しかもその間に調和が保たれていなければならない。この調和が保たれ、あまねく民衆が幸福である状態が、「国家の正義」である。そしてこれらの階層は決して世襲によらず、個々人の資質や適性（ピュシス）に応じて絶えず入れ替わるような、柔軟な社会体制が理想とされた。そして正義としての階層間の調和は、各人が自らの本務を自覚し、他の階層の人びとと幸福を分かちうるかどうかにかかっている。もしピュシスとしての資質や能力を踏まえることなく所属が決められたり、ある階層が他の階層を犠牲にして幸福を独占しようとすると、階層間の不調和、すなわち不正が起こる。これこそプラトンがまず避けたいところのものであった。

つぎに、正義は個人レベルにおいても語られねばならない。プラトンはそのために魂の三分法という考え方を導入する。すなわち人間の魂は、(1)魂がそれによって道理を知るところの「理知」の部分、(2)魂がそれによって奮いたつところの「気概」の部分、(3)魂がそれによって恋し、飢え、渇く等の活動をするところの「欲望」の部分とから成り立つ。ところで気概と欲望とは、往々にして一人歩きして他を圧倒するが、そうならないように理知が他を制御して魂の三部分がうまく調和を保つとき、はじめて人間は「真に自分の固有のことを整え、自分で自分を支配し秩序づけ、自己自身と親しい友」となることができる。課題としての魂のピュシスとはこのような調和ある状態であり、その状態をつくりだす行為こそ正義なのである。これに対し、魂の三部分がうまく調和しないかぎり人間はおのれに負け、真の自己となることができない。そうした魂の不調和を生みだす行為は不正である。

こうしてプラトンは、国家社会と個人という両レベルの統合を構想した。その統合への道は、哲人統治（哲人王）をおいてないというのが彼の考えである。

哲人統治

プラトンにとって、政治は支配者のためではなく、「被支配者たる民衆の幸福」のために存在しなければならない。では、民衆の幸福を保証する政治はどのようにして可能であろうか。この問題に関して、彼はつぎのように告白する。

哲学者たちが国々において王となって統治するのでないかぎり、あるいは、現在、王と呼ばれ、権力者と呼ばれている人たちが、真実かつ十分に哲学するのでないかぎり、すなわち政治的権力と哲学的精神とが一体化されて、多くの人びとの素質が、現在のようにこの二つのどちらかの方向に別々に進むのが強制的に禁止されるのでないかぎり、国々にとって不幸の止むことはないし、また人類にとっても同様だとぼくは思う。(『国家』473D)

だがプラトンによれば、真実を観ることを愛する哲学者はごく少数である。多くの人びとは、洞窟につながれた囚人のように、壁に映る影を実在と思いこんで真実を観ることができず、ソクラテスのような人を殺してしまう危険性すら持っている。だからこそ、「魂の向けかえ」と「真実在への上昇」のために公教育を幼少の頃から施して、その過程を通して真に政治家たりうる人間が男女を問わず選抜されてゆかねばならない。

公教育は音楽と体育に始まるが、そのなかから選ばれた者に二十歳から算術・幾何学・天文学・音楽理論を教え、政治家の候補生を選抜する。三十歳から約五年間は哲学的問答法(ディアレクティケー)、つまり最大の学ぶべきものである「善のイデア」へいたる方法が伝授される。だがそれでもまだ不十分であり、さらに一五年間、軍隊や官職で現場の実務を体験しなければならない。そのうえで政治家としての資質が最終的にチェックされ、国の統治者たりうる人間が抜擢されるのである。統治者は家庭を持つことも財産を持つことも許されず、いっさいのプライバシーを捨て、善のイデアを追求しつつ義務として国の政治をつかさどらねばならない。

このように徹底した哲学教育と実務経験をへて選ばれ、自分の生活すべてを民衆の福祉のために捧げるエリートの統治によってのみ、理想国家の実現は可能であるとプラトンは考えた。そのような統治体制は「優秀者支配（アリストクラティアー）」と名づけられ、そのうち統治者が一人の場合を「王制（バシレイアー）」と呼ぶ。さきにみた二つのレベルでの正義も、こうした体制でのみ可能となるであろう。しかしながら、プラトンによれば現に存在する国家のほとんどは不正であり、いったいなぜ理想のポリスが次々に堕落してゆくのか、いまそれが解明されねばならない。

国家の堕落のメカニズム

プラトンは不正な国家体制を、(1)なによりも勝利と名誉を愛する体制（ティーモクラティアー）、(2)財産評価にもとづく寡頭制（オリガルキアー）、(3)民主制（デーモクラティアー）、(4)僭主独裁制（テュラニス）と規定し、統治者の魂の堕落という観点から体制堕落のメカニズムをつぎのように論じていく。

まず優秀者支配から、「勝利と名誉を愛する体制」への移行は、人びとが哲学者を統治者にすることを恐れ、魂の「気概」の部分が「理知」の部分より優勢な人を統治者とするところから起こる。そうなれば、スパルタにみられるように、真実全体や民衆の福祉よりも統治者の名誉や権力欲が追求され、人びとにも体育を中心とする強制的な教育が施されてゆくであろう。

つぎに「寡頭制」への移行は、統治者の魂の「欲望」の部分が優勢となって、勝利や名誉より金銭を愛するようになり、貧しい者を政治から排除することによって生じる。このような金権体制はもはや一つの国家とは呼べず、富裕な支配者と貧しい被支配者とが反目しあう分裂国家とみなさねばならない。この寡頭制は必然的に内乱におちいらざるをえず、その結果、貧しい人びとが勝利するであろう。

しかしその後に到来するような「民主制」も、プラトンにとって決して望ましい体制ではなかった。民主制において人びとは確かに「自由（エレウテリアー）」を得るが、そこではなんでも話せる言論の自由（パレーシアー）と同時に、なんでも思いどおりのことをしてもよい「放任（エクスゥシアー）」とが蔓延する。そして、しかるべき教育と訓練もへず、単なるくじ引きで選ばれた者が政治を担当し、彼らは何が国にとって重要かを判断する能力を持ちあわせぬまま、ただ民衆のご機嫌とりに終始して、国は一種の無政府状態におちいる。このリーダーシップ不在の状態では、まやかしの言論が横行し、人びとは必要な欲望と不必要な欲望とを識別できず、魂の空洞化が進んでゆく。どこかおかしいと感じながらも、そのおかしさの根本原因を認識できない。その間隙をぬって現われるのが独裁者なのである。

プラトンによれば、独裁者はほかならぬ民衆指導者の顔をして現われてくる。最初、人びとにやさしく接して多くを公約するので、強いリーダーシップをひそかに待望していた人びとは彼を統治者に任ずる。だが彼はしだいにその本性を現わして人びとを抑圧しはじめ、国政の矛盾をば隠蔽するために他国との戦争状態をつくりだし、衆目をそこに向かわせる。そうした過程をへて「僭主独裁制」ができあがるが、僭主となる人間は魂の欲望のなかでも最悪の部分が優勢な者で、その意味でもこの体制は最悪の体制である。シシリー島のディオニシオス一世がまさにそれであった。このもっとも忌避さるべき僭主体制にいたらぬためには、優秀者支配体制を打ち立てねばならないというのが、『国家』におけるプラトンの処方箋である。

晩年の法治国家論

最後に、このようなプラトンも晩年には微妙に変化したことを指摘しておく必要があるだろう。『国家』の後、『ポリティコス（政治家）』において、哲人統治が不可能な場合の「次善の策」として法の支配を説いたプラトンは、最晩年の大著『法律』においてはもはや哲人統治を語らず、善き国家にふさわしい法（ノモス）のありかたを詳細に論じてゆく。法は恣意的に制定されてはならない。法の最高の起源は、宇宙としての「自然（ピュシス）の秩序（コスモス）」を反映した神的なものであり、その法のもとに市民が浄《きよ》く美しく共同生活を営むことによって善き国家は実現する。国のリーダーたる長老は人びとに法を敬うことを教え、人びとをしかるべく導かねばならない、というのがプラトンの法治国家論の要であるが、このような思想は視野がポリス内部に限定されていたとはいえ、後のストア学派の自然法思想（第二章参照）を先取りしていたとみなすこともできよう。

4　アリストテレスの社会思想

プラトンとともに古代ギリシア思想の双璧をなすのは、いうまでもなくアリストテレス（前三八四―三二二）である。ギリシア北部に生まれた彼は、十七歳のときから二〇年間、プラトンの「アカデメイア」に学び、その後に小アジアに移って、豊かな自然研究をもとに師とは異なる哲学体系を構築した。

前三三五年にアテナイへ戻ってからは、郊外のリュケイオンに学園を開き、前三二三年、反マケドニアの動きに追われてアテナイを去るまで教育や研究にたずさわった。

アリストテレスは「万学の王」と呼ばれるようにあらゆる学問に精通し、その哲学体系は、理論学(第一哲学・数学・自然学)、実践学(倫理学・政治学・弁論学)、制作学(詩学)に分かたれる。今日のいわゆる社会思想は実践学に属するが、その内容はプラトンとくらべ、より現実的なものであった。とはいえアリストテレスは、現代的意味でのリアリストだったわけでは決してない。「可能態(デュナミス)から実現態(エネルゲイア)への生成」という目的論的観点から生物一般を捉えた彼は、人間をもあるべき姿に生成してゆく存在者として理解し、それをもとにあるべき社会を考えようとしたのである。その思想は『ニコマコス倫理学』と『政治学』で展開されている。

ポリス的人間

アリストテレスの社会思想の出発点は「ゾーン・ポリティコン」すなわち政治共同体(ポリス)的動物としての人間である。人間は孤立した状態では生きられず、自らの資質や能力を発達させることもできない。ポリスの一員として他の動物にはない言語活動をもとに積極的に行為することによってはじめて、人間は持って生まれたピュシスを十分に発達させることができる。実践学としての倫理学は、このゾーン・ポリティコンとしての人間を第一のテーマとするのである。

アリストテレスは、ポリスの一員たる人間の究極的な行為目的を、「幸福(エウダイモニア)」と呼ぶ。彼のいう幸福は、単なる刹那的な快楽とは異なって、「人間の徳性(卓越した能力)に即しての、また、もしその卓越性がいくつかあるときは、もっとも善き、もっとも究極的な卓越性に即しての魂の実現態（エネルゲイア）」を意味し、外的な障害にもめげぬ、生のもっとも充実したありかたをいう。ポリスの政治も、このような意味での幸福を実現すべき最高の善（価値）でなければならない。

では、幸福の核心となる人間の「徳性（アレテー）」とは、どのようなものであろうか。アリストテレスによれば徳性には、行為の習慣づけによって得られる倫理的なものと、知的な学習を通して得られるものの二種類が存在する。

倫理的徳性のうちでもっとも重要なのは、「中庸（メソテース）」であり、これは過不足のない、いわばバランスのとれた「状態（ヘクシス）」を意味している。たとえば、無謀と怯懦のあいだの節度、怒りっぽさと意気地なしのあいだの穏和、道化と野暮のあいだの機知、などがそれにあたる。この中庸を身につけることによって、人は幸福への道を歩むことができる。他方、知的徳性のなかでもっとも重要なものは「思慮（プロネーシス）」であり、これは「それ以外のしかたにおいてもありうる」事柄のなかから、もっとも適切なものを選びとっていけるような人間の精神状態を意味している。アリストテレスにとって、実践上の判断は理論的な論証知と違って、決して一義的・形式的に演繹されるようなものではない。他の判断をも排除することなく、しかもなおそのつどの状況において適切と思われるものに関する選択能力が、思慮なのである。そして彼はこの文脈において、プラトンが忌み嫌った弁論術（レトリケー）にも一定の学問的意義を与える。

人間はこうした二つの徳性を習得し、それにもとづいて行為してゆくことによって自らのピュシスを開花させるが、政治共同体（ポリス）における人間相互の関係は「正義（ディカイオシュネー）」にもとづかねばならない。この正義をアリストテレスは、広く一般的な意味では徳全般とみなす。そしてより狭い特殊な意味での正義を、分配的正義、匡正的正義、交換的正義に分類する。それらはだいたい次のように要約できよう。

まず「分配的正義」とは、ポリスの市民に対する、名誉や財貨等の分配についての正義である。それは人びとのポリスへの貢献度によって測られる比例的な平等原理に立脚する。つぎに「匡正的正義」は、市民のあいだの平等な関係が不当に侵害されたとき、それを匡正する正義である。これは算術的な平等原理に立脚し、裁判の判決などの根拠となるような正義といえる。また「交換的正義」とは、ポリスのなかで相異なる職業の人びとが助けあって生きるための基盤をなす正義で、それは人びとの異なる価値を調整する役割を担い、たとえば貨幣という制度（ノモス）を基礎づける。

このようにアリストテレスの正義論は、政治・法・経済などの各局面におよぶ包括的な根本規範を提供するが、ポリスの人間関係はさらに「友愛（ピリア）」という人びとの徳性に支えられて、もっとも完全なものに近づく。友愛とは、人びとが「たがいに好意をいだき、相手の善を願い、しかもそのことが相手に知られていること」である。いわば人びとのコミュニケーション原理としての友愛は、利害や快楽にではなく、善き人間として他者を承認するという人間の基本態度にもとづかねばならない。この友愛と正義が補完しあってこそ、ポリスは善き共同体（コイノニア）となることができるのである。

国家体制論

このように人間論と正義論を『ニコマコス倫理学』で展開したうえで、『政治学』ではノモスとしてのポリス、すなわち国家体制のありかたを論じてゆく。アリストテレスはまず、プラトンと違って「家（オイコス）」を重要なポリスの基本単位とみなし、また家族の財産もそれが正義や友愛に反しないかぎり承認する。家族が集まって「村落」をなし、村落が集まって「ポリス（都市国家）」をなす。そしてそのポリスは、多様な顔をもった有機的な複合体と考えられねばならない。彼によれば、人間が多様であるように家族も村落も多様であり、それらを上からの統制によって画一化するようなことがあってはならないのである。国家の目的は、そうした「多様性」を前提としつつ、市民全体の利益を追求するところにあり、国家体制の正当性もそこに求めねばならない。

このような観点からアリストテレスは、容認されうる国家体制として次の三つをあげる。一人の王が法に従って市民全体の利益を追求する「王制」、少数のエリートが市民全体の利益を追求する「優秀者支配」、そして民主制がよき指導者のもとでうまく機能して市民全体の利益が追求される「国制（ポリーテイアー）」である。最後のポリーテイアーは今日的意味での共和制に相当するといってよいだろう。

それに対して、否認さるべき逸脱体制として彼があげるのは、一人の支配者が自分の利益を追求する「僭主独裁制」、少数の富裕者が自分たちの利益を追求する「寡頭制」、貧しき者の利益ばかりが追求される「民主制」である。この場合の民主制とは、人間の資質や能力を無視した悪平等原理がすべてを支配し、適材適所が行なわれず、国全体の利益が何であるのか人びとが認識できなくなったような衆愚体制を意味している。いずれにせよ、アリストテレスにとって国家体制の正当性の判断基準は、国が特定の人間や階層の利益ではなく、国民全体の利益を追求しているか否かにあった。その意味で統治の質が問題であって、統治者の数は副次的な事柄にすぎない。

目的論的「自然‐生命」観

最初にふれたようにアリストテレスの社会思想は、自然学や存在論（第一哲学）などの理論哲学とは区別された実践学に属している。だが彼の「人間‐社会」論は、彼の「自然‐生命」観と無関係に論じられたわけではない。この双方は目的論という観点で結びつく。すなわち人間も目的論的な自然の一員であり、その人間が社会（共同体）を構成するという考えによって連関するのである。では最後に、彼の思想全体の中核をなす目的論についてまとめておこう。

アリストテレスによれば、人間をふくめたあらゆる自然物には、何かのために存在するという特質が備わっている。たとえば、木の葉は果実を守るため、根は栄養を摂るため、動物の各器官は生命を維持するため、という具合にである。この「〜のため」は、各自然物がそこへ向かう「善き（価値ある）もの」をも表わしている。自然の一員としての人間存在に関していえば、各自が自ら自然本性（資質、能力）を幸福という究極目的に向かって発展させることが、人間の目的論的な生き方なのである。このようにあるべき目的へ向かって人間が生成していくことは、人間の自然本性が単なる所与でなく、課題として捉えられねばならないことを意味している。ソフィストたちとは対照的なアリストテレスのピュシス観は、こうした彼の目的論に根ざしている。

目的論的自然観はまた、自然物以外の物をつくりだす技術（テクネー）のありかたをも規定する。すなわち、「技術とは一方において自然が完成しえないものを仕上げ、他方においては自然をまねるものである」。自然（ピュシス）は人間に観照（テオーレイン）されるために存在し、技術はその自然を範としつつ補完する、それがアリストテレスの「自然 - 技術」観の大きな特色である。したがって政治術や家政術といった社会（共同体）レベルでの技術も、それは人間の自然本性（ピュシス）の発達に奉仕するため存在するとみなされた。この自然を技術に優先させる見方は、後にみる（第三章3）近代のベイコン的な「自然 - 技術」観と大きなコントラストをなしている。

ところでアリストテレスは、人間が道理（ロゴス）の部分を魂（プシュケー）に持つゆえに、人間をゾーン・ポリティコンとして他の動物と区別したのであった。だが他方、近代のデカルト的な「自然生 - 生命」観（第三章3参照）とは異なり、人間と他の動物との連続性をも彼は指摘している。すなわち自然は、成長と養分摂取と生殖の働きをするところの「栄養的能力」をもつ植物、この能力にくわえて「感覚能力」と下位の欲求能力と場所での「運動能力」をもつ動物、この二つの能力にくわえて「思惟能力」や「理性」をもつ人間の、各階層から成り立っている。その意味で、人間のみならず動物や植物にも魂は存在し、そうした生ける自然のヒエラルキー（階層性）を人間が支配するのではなく観照する、というのがアリストテレスの「自然生命」観の大きな特徴であった。

ソフィストたちと現代

多様な側面をもつソフィストたちの社会思想には、今日の私達を挑発するような多くのアクチュアリティが内包されている。

まず弁論術至上主義に関していえば、その危険性は、二十世紀の社会状況によってますます増大したと言わなければならない。ファシズムやスターリニズムの出現は、政治家たちの「ロゴスなきレトリックやパフォーマンス」がどのような破局に人びとを導くのか、また人びとがいかにデマゴーグの術中にはまりやすいかを如実に実証した。いわゆる民主主義体制といわれる国々でも、今日、「レトリック（弁論術）」と「ロゴス（道理）」の関係をよくわきまえないかぎり、政治家、マスコミ、評論家などによる意識操作の危険性は絶えずつきまとっている。

つぎに、ソフィストたちの正義観についていえば、カリクレスの威丈高な「力＝正義」観であれ、トラシュマコスのシニカルな「支配者の利益＝正義」観であれ、疑いなく現代に大きな影をおとしている。このような正義観は、近代初期のマキアヴェリ（第三章1）をへて、今世紀の「パワー・ポリティクス」の世界で支配的イデオロギーとなった。現代思想との関連でみると、カリクレスがニーチェに感銘を与えたことはよく知られているが、その優勝劣敗の思想は彼の超人思想（第六章2）よりも、ソーシャル・ダーウィニズム（第六章1）と結びついたとき、より大きな危険をもたらすだろう。一方、トラシュマコスの思想は、支配者が思うままに政治や経済を動かす、いかんともしがたい現状に対する諦念の表明であるが、それはとくに大衆社会（第七章2）のアパシー（無気力）と結びつくならば、カリクレスを補完する役割しか演じないだろう。いずれにせよ、プラトンがトラシュマコスをなんとか説得によって論破したいと示した情熱こそ、今日必要とされるものであろう。

プラトンと現代

今世紀に入って、プラトンの社会思想を全体主義のはしりとする解釈が、バートランド・ラッセル（一八七二―一九七〇）、ハンス・ケルゼン（一八八一―一九七三）、カール・ポパー（一九〇二―九四）らのリベラルな思想家から提起された。彼らはプラトンの反民主制の思想に個人を抑圧する全体主義をかぎつけ、とくに『開かれた社会とその敵』を著わしたポパーは、そのようなプラトンをソクラテスに対する裏切りとみなした。しかしこのような見解は、プラトンが最大の敵を民主制ではなく僭主独裁制と考えていたこと、そしてその僭主独裁制に対して民主制はまったく無力であり、優秀者支配のみがこれに対抗しうると考えたことを軽視している。たしかにプラトンは、それが無責任な衆愚制にほかならないという理由で民主制を徹底的に軽蔑し、哲人統治という一種のエリート主義体制を理想化した。だが彼にとっての最大問題は「王道（優秀者支配）か覇道（僭主独裁制）か」の選択であり、王道こそ覇道を防止し、民衆を幸福にしうるというのが彼の信念であった。

このプラトン的問題設定は、現代社会の「リーダーシップ論」にとっても少なからぬ示唆を与えるだろう。とくにリーダーの資質によって国内外の政治や経済および企業のありかたが大きく左右される現代にあって、軍国体制、金権寡頭体制、無能衆愚体制、独裁体制などに対するプラトンの批判はかなりの迫真性をおびてくる。彼のリーダーシップ論をマキアヴェリのそれ（第三章1）と対比させながら、その現代性を探ることも興味ぶかい。

つぎに正義論に関して。プラトンによれば、社会のシステムだけを論じていても、「正義」

という規範問題は十分には解明されえない。それは「人間主体の倫理学＝存在論」とも深くかかわっているからである。この点でプラトンの社会思想は、人間主体への問いを捨象して社会システムだけを主題化する社会理論や、社会科学の基礎を人間の外的行動に還元する「行動主義（behaviorism）」に対して、批判的な視座を提供してくれる。保守的な政治哲学者レオ・シュトラウス（一八九九―一九七三）やアラン・ブルーム（一九三〇―九二）は、このような観点からウェーバーに始まる価値自由的な社会科学を堕落とみなしたが、彼らの見解にくみせずとも、今日の社会科学者はこのプラトンの挑戦を無視できないであろう。

アリストテレスと現代

人間論を基礎にして社会理論は成り立つというプラトン的視座を、アリストテレスはより現実的に展開した。「ゾーン・ポリティコン」という考え方は、近代の社会契約説（第四章）によって否定されるが、それでも彼の思想は、これにあきたらない多くの社会哲学者を惹きつけてきた。アリストテレスにとって人間の自然本性は反社会（反共同体）的なものでなく、しかもピュシスは、所与的なものでなく、社会における各個人の行為のなかで発展してゆく「目的論的」なものと考えられた。したがって、社会倫理において重要なのは単なるルールの遵守ではなく、人間の「徳性」の育成である。また社会の根本規範たる社会正義も、社会のなかでの友愛に満ちた人間関係によってはじめて十分な意義を得る以上、それは「行為論」と切り離せない。さらに政治体制の正当性は単に権利保障というレベルでなく、人びとの「善き自己実現」

を保障しているかどうかで判断される。社会科学としての政治学も人間論的に基礎づけられねばならないのである。

このようにアリストテレスの社会思想を捉えなおすならば、それは近‐現代（モダン）の社会哲学ないし社会科学の一面性を批判する、有力な武器を提供しうるであろう。実際にそれは、政治的コミュニケーションの場としての「ポリス的公共圏」と、政治的判断力としての「思慮（プロネーシス）」とを重要な政治的範疇として復権したハンナ・アーレント（一九〇六―七五）の大きな知的源泉となったし、また「権利としての自由」よりも「徳としての自由」を強調する現代のコミュニタリアン（共同体論者）に強い影響を与えている。

さらにアリストテレスの目的論的「自然生命」観は、ベイコンやデカルトによって失われた自然観・生命観の次元を喚起している。それがエコロジー危機に直面した社会科学に対して少なからず寄与する点も見逃せない。

思想史的限界

プラトンとアリストテレスの思想史的限界は、何といっても権利としての万人の平等という思想がまったく欠如していた点に求められる。プラトンは女性も哲学者＝統治者となりうると考えたものの、奴隷の解放には思いいたらず、アリストテレスにおいては自然本性の名のもとに奴隷制が正当化され、女性の参政権についても否定的な判断が下された。ゾーン・ポリティコンとしての人間論は成年男子に限定されていたのである。こうして彼らにおいて、民主制は衆愚制とほぼ同等視され、万人の基本権を保障する制度の確立という思想は生まれなかった。

さらにまた彼らにとって、アテナイという一ポリスを超えた、より普遍的な思想は無縁であった。世界市民（コスモポリタン）という考えにもとづいて世界政治のありかたを問うことは、ポリスの乱立時代に生きた彼らには不可能だったといえる。権利としての万人の平等やポリスを超えた社会思想は、つぎに来るストア学派やキリスト教によってはじめて思索の対象となるのである。

トゥキュディデス『戦史』（久保正彰訳、岩波文庫。同訳、〈世界の名著〉5、中央公論社）

『初期ギリシア哲学者断片集』（山本光雄訳編、岩波書店）

プラトン『ソクラテスの弁明・クリトン』（久保勉訳、岩波文庫）／『ゴルギアス』（加来彰俊訳、岩波文庫）／『ソクラテスの弁明ほか』（田中美知太郎・藤沢令夫訳、中公クラシックス）／『国家』（藤沢令夫訳、岩波文庫）／『ポリティコス（政治家）』（水野有庸訳、〈プラトン全集〉3、岩波書店）／『法律』（森進一他訳、岩波文庫）

アリストテレス『ニコマコス倫理学』（高田三郎訳、岩波文庫。加藤信朗訳、〈アリストテレス全集〉13、岩波書店。渡辺邦夫・立花幸司訳、光文社古典新訳文庫）／『政治学』（山本光雄訳、岩波文庫。牛田徳子訳、京都大学学術出版会）／『弁論術』（戸塚七郎訳、岩波文庫）／『自然学』（出隆・岩崎允胤訳、〈全集〉3）／『霊魂論』（山本光雄訳、〈全集〉6）

第二章　古代末期と中世の社会思想

アリストテレスの晩年にすでにギリシア全土はマケドニアに征服され、ポリスの時代は終焉していた。それから約三〇〇年にわたる、一般にヘレニズム時代と呼ばれる時期に、ギリシア文化はインド西部からスペイン東部にいたる地中海世界に広範にひろまった。その文化的遺産がやがてローマの世界帝国にも引きつがれてゆく。

このヘレニズム・ローマ時代における社会思想の新しい局面は、まず知識人や政治家に強い影響を及ぼしたストア学派によって切り拓かれ、つぎに、いくたの迫害にもめげず、三一三年にローマ皇帝コンスタンティヌスによって公認されたキリスト教によって導かれた。とりわけ帝政末期に生きたアウグスチヌスは、人間の内面に関してのみならず歴史の進歩をも論じて、社会思想に新しい次元をもたらす。

ローマ帝政が崩壊すると、ゲルマン民族の大移動を契機にフランク王国が出現し、九世紀の西ローマ帝国と十世紀半ばすぎの神聖ローマ帝国の誕生によって、中世キリスト教の時代が訪れる。しかし思想史のうえでの本格的な展開は、十二世紀に花開くスコラ学を待たねばならなかった。そしてそれが十三世紀のトマス・アクィナスから十四世紀のオッカムへと変遷してゆくのである。

I　ストア学派の倫理・法思想

ヘレニズム時代に生まれた二つの大きな思想は、エピクロス学派とストア学派である。このうち、「隠れて生きよ」をモットーとし、どこまでも脱社会的な私生活によって「心の平静（アタラクシア）」を得ようというエピクロス学派においては、積極的な社会思想がほとんど展開されなかった。それに対し、キプロスのゼノン（前三三五頃―二六三）が柱廊《ストア》で教えたことからこの名があるストア学派は、ほぼ五〇〇年にわたって独自の社会思想を生みだしていった。ゼノンのほかに、クレアンティス（前三三一―二三二）やクリュシッポス（前二八〇／七七―〇七／〇四）に代表される初期、ローマに哲学を導入することに貢献したパナイティオス（前一八五頃―〇九頃）と、キケロの師であったポセイドニオス（前一三五―五一）に代表される中期、ローマ帝政初期において皇帝ネロの教師をつとめたセネカ（前五／四―後六五）や解放奴隷エピクテトス（五五頃―一三五頃）および皇帝マルクス・アウレリウス（一二一―八〇）らに代表される後期に、その流れを分けることができる。

宿命論と倫理

ストア学派によれば、宇宙の万物は神の摂理としての「自然の理法（ロゴス）」によって支配されている。したがって、人間といえども自然の理法が定める因果律から自由ではありえず、むしろこれに従って生きることが課題となる。重要なのは、自然における人間の位置をわきまえつつ神の摂理のもとに生きることであり、そのような生き方によって人間ははじめて理性的存在者となるのであった。幸福もまた、自らの欲望や情念を捨てさり、自然の理法＝神の摂理と一体となるように生きることによってはじめて得られ、そうした「不動の心（アパテイア）」こそ、めざすべき倫理的課題とされた。

こうしてストア学派は、宿命論的世界観と実践理性とを融合させる。この学派では、決定論的な因果性と人間の自由とが対立的にでなく相互補完的に捉えられ、またアリストテレスにおいては主に個体レベルで理解されていた目的論も、宇宙万有レベルでの決定論的なものへ変容することになった。

コスモポリタニズムと自然法思想

だが、こうした一見して静寂主義に帰すかにみえるストア学派の倫理思想も、ポリス時代にはみられなかった積極的な内容を社会思想史にもたらした。それは、人類は普遍的な自然の理法に従っているかぎり、みな平等で同胞だとするコスモポリタニズム（世界同胞主義）と、あらゆる法は究極的に自然の理法にもとづかねばならないとする自然法思想とである。

ストア学派のコスモポリタニズムは、たとえそれが賢者の悟りというレベルにとどまっていたにせよ、ポリス時代に支配的であった「ギリシア市民とバルバロイ（異邦人）」とか「自由人と奴隷人」といった区分を打ち破るものであった。ローマ帝政期のストア学派が打ちだした自然法思想も、このコスモポリタニズムに裏づけられている。たとえばローマの文人政治家キケロ（前一〇六－四三）は『国家論』『法律論』を著わし、そのなかで「国家（res publica）」は「法によって結びついた人びとの共同体」であり、その法の根源は、人びとの意思にではなく国家が生まれる前から存在する「自然」のなかにあると明言している。成文法には善きものと悪しきものとがあるが、それを判定する基準は自然の理法以外にありえないという見解のもとに、彼は全人類に普遍の「万民法（jus gentium）」を「自然法（jus naturale）」の映しとみなした。

こうした自然法思想はその後、ガイウス（?）やウルピアヌス（一七〇頃－二二八）らの法学者によってさらに展開され、六世紀の東ローマ皇帝ユスティニアヌス（在位五二七－六五）の『ローマ法大全』の母胎となり、さらにキリスト教のスコラ哲学のなかに吸収されてゆく。

2　ヘブライズムと原始キリスト教

ローマ帝政時代に、ストア学派よりもラジカルな思想を世にもたらしたのは、ユダヤのヘブライズムを母胎として生まれたキリスト教であった。

神と歴史

ユダヤのヘブライズムは、その独特の神（絶対者）理解によって特徴づけられる。ストア学派に典型的にみられるように、ヘレニズム文化の神はなによりも宇宙ないし自然の理法と結びついていたし、プラトンやアリストテレスにさかのぼっても、神は宇宙論や自然論との連関で論じられていた。ギリシア思想においては宇宙それ自体が一つの完結した統一体として捉えられ、この宇宙との類比で人間を完全性に導くような思想が支配的だったのである。それに対し、ヘブライズムの神「ヤーウェ」は、歴史に介入してユダヤ民族を救済する神として現われる。神の救いは宇宙論的というよりは「歴史的な出来事」なのである。神の啓示がなされる場として歴史が真剣に論ぜられ、その歴史は神の救いの出来事を通して進展してゆくと考えられていた。

歴史が進展するという思想は、古代ギリシアにはないものであった。すでにみたようにプラトンは国家体制の進展ではなく堕落の解明に専念したし、有名な歴史家であるヘロドトス（前四八四頃―一二五頃）やツキュディデス（前四六〇頃―四〇〇頃）においても、歴史は循環すると考えられていた。それに対してヘブライズムは、「歴史が神の介入によって進展する」という終末論的な考えを当然の前提としていた。そして、このヘブライズムのユダヤ民族中心主義を打破して登場したのが、キリスト教である。

原始キリスト教の救済思想

紀元二九年ころ、十字架の上で処刑されたナザレのイエス（前四頃―後三〇頃）を救世主キリストと宣言し、そのメッセージを人びとに伝える信仰共同体が誕生した。これがキリスト教の始まりである。キリスト教徒は、イエスの生前の「行ないとことば」、そして「死と復活」のなかに神の啓示が現われ、それが全人類に救いをもたらすことを固く信じ、迫害にもめげず各地で布教活動を行なって、またたくまに多くの信者を獲得した。その布教にあって最大の貢献をした思想家がパウロ（？―六四頃）である。

パウロによれば、罪によって曇らされていた人間は、イエス・キリストの十字架上の死と復活によって罪から解放されたという。人間の救いはまさに「罪からの解放」であり、それはイエスを救い主キリストと信ずることによってのみ可能となる。この救いにあずかるという点で、人間はすべて、「奴隷も自由人も、ギリシア人もユダヤ人も区別なく」平等であり、そのメッセージを信仰共同体たる「教会」

は世に伝えねばならない。罪からの解放という意味でのこの世の救いは、すでに部分的には始まっているが、いまだ完成していない。その完成をめざすのが教会の使命である。

このような思想によってキリスト教は、一方でヘブライズムの自民族中心主義と訣別し、ストア学派と同じくコスモポリタニズムを主張するとともに、他方でストア学派にはない「完成へ向かって進展する歴史」という終末論思想を独自なかたちでヘブライズムから受けつぐ。そしてヘレニズム文化と接触してゆくなかで、キリスト教思想をギリシア思想と調和させようという思潮も生まれてきた。それが教父哲学である。

3　アウグスチヌスの「人間‐社会」論

独創的な教父哲学は、古代エジプトのアレクサンドリアを拠点としたクレメンス（一五〇頃―二一一／一六）やオリゲネス（一八五／六―二五四／五）らによっても展開されたが、後世にもっとも影響を与えたのはラテン教父アウグスチヌス（三五四―四三〇）である。

アウグスチヌスの思想的遍歴は波瀾にみちたものであった。北アフリカで異教徒の父と敬虔なカトリック教徒の母のあいだに生まれた彼は、最初、善悪二元論を唱えるマニ教に入信する。しかしローマに移ってからは新アカデメイア派の懐疑主義におちいり、そこから新プラトン主義者プロティノス（二〇五―六九／七〇）の書物と出会い、さらにミラノの司教アンブロシウス（三三三頃―九七）からキリスト教を学んで決定的な回心を得た。その後、彼は教父となって『告白』など一連の偉大なキリスト教の思想書を著わしてゆく。

人間の内なる深み

『告白』などで展開されたアウグスチヌスの人間論は、事物認識のいっさいの根拠を「自己の内面の確実性」に求めるものであった。だが、その確実性を保証するのは人間ではなく、人間の内なる神である。人は自らの内面を掘りさげれば掘りさげるほど、自己を真に生かし、万物を照らす神の光を感ぜずにはおれない。神は、自分の外に存在するのではなく、自らの内に存在する。

アリストテレスが自然物の運動を基準にして捉えた時間をも、アウグスチヌスは人間の内的深み（精神）において捉える。すなわち、過去は「記憶」として、現在は「直視」として、未来は「期待」として、人間精神の延長上に存在する。その意味で人間はまさしく時間的存在者なのであり、神による人間の救済もこのことと切り離せない。さらに悪も、マニ教が考えるように善と並ぶ一つの実体ではなく、人間の「意志における善の欠如」とみなす。とはいえアウグスチヌスは、人間が自力で救われるとは考えなかった。晩年のペラギウス派との論争で、彼は神の恩寵によって人ははじめて救われることを強調している。

歴史・政治思想

このような人間論は、さらに彼の壮大な歴史思想とも結びつく。約一四年をついやして著わされた『神国論』全二二巻は、世界史に全体的な意味連関を与えようという試みであり、そのかぎりではヨーロッパ最初の本格的な歴史哲学であった。本書は、ローマ帝国が没落した原因をキリスト教徒に帰する人びとを反駁するというモチーフで書きはじめられ、その後半部分でアウグスチヌスは、「神の国(civitas Dei)」と「地の国(civitas terrena)」という対立を通して歴史の意味を追求してゆく。神の国とは「自己を侮《あなど》るまでになった神の愛」によってつくられ、人類創造のときから歴史のなかに始まっており、人類史の終局において成就される。その担い手は教会であるが、教会もたびたび堕落するがゆえに、教会と神の国を同一視することはできない。一方、地の国は「神を侮るまでになった自己愛」によって生じ、これもまたカインのアベル殺害などにみられるように人類史の初期の段階からすでに始まっている。しかし地の国とはいっても、この世の国家そのものを直接、意味するものではない。むしろこの世の社会では、神の国と地の国がたがいに混在しあっていて、最後の審判においてそれがはっきり分けられるという。

こうしてアウグスチヌスは、あるべき国家を、神の愛を通しての人間の至福という地上を超えた高次の目的へのステップとなるものと考え、そこに宗教的世界と政治的世界との接点を見出す。世俗国家といえども、神の国の理想と相反することがあってはならない。「(神の定めた)正義を欠いた世俗国家は、盗賊団にすぎない」からである。したがって、世俗国家が教会を見ならうかたちで双方は関係しあわねばならない。

教会と世俗国家に関するこうしたアウグスチヌスの思想は、その後、五世紀末にローマ教皇ゲラシウス一世が提示した両剣論、すなわち世俗の権威(皇帝権)と宗教の権威(司教権)の相補性理論とも相まって、中世の西ヨーロッパ世界を支える大きな社会思想原理となった。八〇〇年にローマ教皇レオ三世の手でカール（シャルルマーニュ）大帝の戴冠式が催され、皇帝教皇主義の東方ビザンツ帝国に対抗すべく西ローマ帝国が誕生し、九六二年以降は神聖ローマ帝国として引きつがれたが、それ以来、教会の究極的優位という前提のもとでの教会と世俗国家の併存論はながくこの帝国を支配してゆく。そうしたなかで、しばらく低迷していた神学思想も、九世紀のカロリング・ルネサンスをへて、ようやく十二世紀にスコラ学という創造期を迎えた。

付　移行期：アラビア世界からのアリストテレス思想の受容

スコラ学は、司教座付属の学校（schola）で体系的に神学を学習するために生まれたといわれている。十二世紀から十三世紀にかけてこの付属学校が独立し、ヨーロッパ各地に教師と学生の組合というかたちで大学がつぎつぎに誕生してから飛躍的な発展を遂げた。大学を意味するラテン語の「ウニヴェルシタス（universitas）」は真理追求のための共同体を言い表している。民族や地域の違いを超えて、大学にはラテン語の能力さえあれば誰でも入学でき、教授資格者ならどこの大学でも講義することができた。大学は神学・法学・医学・学芸の四学部からなり、このうち学芸学部は、はじめ他の三つの専門学部へ進むための予備的な学部として「自由七学科（artes liberales）」を教授したが、のちには哲学部として独立した性格をおびていく。著名な大学としては、医学のサレルノ、法学のボローニャ、哲学と神学のパリとオクスフォード等々があげられよう。

スコラ学が神学と哲学として発展してゆく過程において最大の出来事といえば、何といっても十三世紀におけるアラビア世界からのアリストテレス思想の受容である。それまでヨーロッパではアリストテレスは論理学の一部が知られるだけであったが、哲学や科学の研究で当時ヨーロッパに先んじていたアラビア世界では、すでに十世紀半ばには彼の全著作が研究されはじめ、イブン・シーナ(別名アヴィケンナ 九八〇—一〇三七)やイブン・ルシュド(別名アヴェロエス 一一二六—九八)などによる独特の解釈学も生まれていた。そのアラビア世界に刺激され、ヨーロッパ世界でアリストテレスのラテン語訳が始まったのが十二世紀、そして十三世紀の初めにはパリ大学などでアリストテレスについての講義も開講された。最初のうち、アリストテレスは世界の始まりを説いていないためキリスト教の創造説と相容れないといった危惧の声も多く聞かれたが、しだいにその哲学体系をキリスト教思想のなかに統合する試みが優勢となる。その試みの頂点に立ったのが、トマスである。

4 トマス・アクィナスの「人間‐社会」論

南イタリアに生まれたトマス・アクィナス(一二二五—七四)は、ドミニコ会に入り、パリとケルンでアルベルトゥス・マグヌス(一一九三頃—一二八〇)の指導を受け、アリストテレス思想をわがものとしたのち、パリやイタリアで講義しつつ、『神学大全』『対異教徒大全』などの膨大な著作を書きのこした。

人間論

トマスは、アリストテレスの目的論的「自然‐生命」観(第一章4参照)をキリスト教的な創造説で解釈しなおす。すなわち、人間をふくめたあらゆる自然物は神によって創られた被造物であり、被造物はすべて神の完全性へ向かって努力するところの目的論的存在者である。人間の「能動的理性（intellectus agens）」は、それが善なる神へ向かう自然本性をもっているがゆえに、超自然的な神認識へといたることができる。実践的観点からみれば、人間は神の恵みにあずかりながら、善なる神の完全性をめざして自らの自然本性を発達させ、有徳な信仰生活をおくることによって至福にいたるのである。人間の自由は、まさにそのような道を歩む意志のなかに存在する。神の恵みと自然の関係をトマスは、「神の恵み（gratia）は自然（natura）を廃棄せず、むしろこれを前提とし完成する」という有名なことばで言い表している。人間の悪は、神へ向かう意志の自然本性から逸脱したときに起こる。その意味で「悪は善の欠如」といってよい。

こうしてトマスは、一方で創造主たる神と被造物たる人間を峻別しつつも、他方、「存在の類比（analogia entis）」という考え方によって両者の連続性をも強調した。この神学思想は、のちの初期プロテスタンティズムにみられる人間論（第三章2参照）とは大きく異なっているが、その思想根拠をトマスが「神の似像（imago Dei）」としての人間、という旧約聖書のことばに置いていたことを忘れてはならない。

社会思想

ここからトマスは、ストア学派の自然法思想とアリストテレスの倫理・政治思想を統合するような社会思想を展開していった。彼によれば法の究極の根拠は、創造主たる神の永遠法にほかならない。理性的被造物たる人間は、神の「永遠法」にあずかり、善なる神の完全性へ向かわんと欲しており、その自覚が人間に「自然法」という根本規範をもたらす。そのさい、人間の神認識はつねに深化し発展するという歴史的性格をもっているため、自然法も静的で不変的なものではなく、動的で可変的（歴史的）なものとして捉えられねばならない。人間によってつくられる「実定法」は、この自然法の基礎のうえに成り立ち、共同体の配慮をつかさどる者によって制定されたところの、理性による「共通善（bonum commune）」のなんらかの秩序づけとみなされる。

この「永遠法―自然法―実定法」の三層からなる法思想は、正義論とも関連してくる。基本的にアリストテレスを継承しつつトマスは、共通善が直接の対象となる法的正義を一般的正義、他の人格が対象となる交換的正義（justitia commutativa）と分配的正義（justitia distributiva）を特殊な正義と規定する。この場合の「共通善」とは物質的な福祉のレベルに限らず、それをも超えた人びとの善き生活一般を意味し、正義は究極的にこの共通善の実現をめざすものと考えられねばならない。

トマスは晩年、ラテン語訳されたアリストテレス『政治学』を創造的に解釈し、人間が「社会的・政治的動物」であるがゆえに国家を必要とし、したがってまた国家の自然本性も人間のそれに由来していること、そして国家の目的は人びとの共通善の実現にあり、それゆえまた共通善を実現しない国家はつねに批判されなくてはならないこと等々を説いている。この国家論は、アウグスチヌスにはみられなかった積極的な価値を国家に付与するものであり、世俗的価値が神学的により多く根拠づけられることになった。

とはいえ、もちろんトマスは教会からの世俗国家の独立を説いたわけではない。超自然的秩序が自然的秩序にまさるという考えで彼は一貫しており、この二つの分離を説く思想はトマス以後の中世後期になってはじめて現われてくる。

5　中世後期の政治思想

トマス・アクィナスの死後、中世キリスト教世界に大きな変動が訪れる。教皇権と皇帝権の相剋が表面化し、各地にナショナリスティックな動きが起こりはじめるなかで、政治権力の、教会権力からの独立を唱える思想も登場してきた。

ダンテの世界帝政思想

『神曲』の作者として有名な詩人ダンテ（一二六五―一三二一）はまた一人の政治思想家でもあった。青年時代にフィレンツェの市政にたずさわったが、当時、北イタリアは教皇派と神聖ローマ皇帝派に分かれ、利権の問題もからんで熾烈な抗争がくり返されていた。彼はその渦中に巻きこまれて市外追放と死刑を宣告され、流浪のなかで多くの作品を著わしてゆく。

全三巻からなる『帝政論』は、教皇権と皇帝権とを別個の二大権力とし、皇帝による全人類レベルでの帝政を構想したものである。この世界には超自然的目的と自然的目的が存在し、後者に属する政治は、なによりも人びとに現世の幸福をもたらすものでなければならない。そのためには、神によって付与された強力な一つの政治的権威が必要であり、それが多くの民族や種族の上に立つことによって正義や平和ははじめて可能となる。この権威を付与されるのは一人の皇帝であり、全人類の長《おさ》として、諸国家間の戦争をやめさせ、平和を実現する使命を担う。

このダンテの思想は、超自然的世界と自然的世界というトマス流の二分法を受けつぎながらも、教皇権と皇帝権のまったき二元性を説く点で異なったヴィジョンを呈示している。ダンテ自身、この二元性を徹底させることによって双方の使命がまっとうされると考えていたが、それに対し、反教皇権という明確な対決姿勢をもって世俗国家の独立を説いたのがマルシリウスであった。

マルシリウスの政治・法思想

フランシスコ会の僧侶であり医者でもあったパドヴァのマルシリウス（一二九〇頃―一三四二／四三）は、教皇権に異を唱え、自然法の無効性を主張した点で、トマスの思想から大きく離反している。著書『平和の擁護者』によれば、この世の平和を乱す最大の元凶は教皇権による世俗権への干渉であり、そのような干渉権は排除されねばならない。また、永遠法や自然法という考えも現世では意義をもたない。なぜなら、法はいかなるものであれ、現世のなかで強制力を伴ってこそ法と呼びうるのであり、その点で自然法は法の名に値しないからである。このような見解のもとにマルシリウスは、法の正統性を神ではなく人民に求め、人民から委託された代理人が法をつくるべきだという法論を打ちだす。そしてまた、聖職者も世俗国家によって任命され、世俗国家のなかで神の教えを語るべきだと主張したが、この考えは明らかに近代的国家論に途を拓くものであった。

オッカムの唯名論と政治論

中世スコラ学は、オッカム（一二八八頃―一三四九頃）のラジカルな思想をもってほぼ終焉する。彼が学んだオクスフォード大学は、もともとアリストテレスの影響が乏しく、実験的手法を重んずるグローステスト（一一七五頃―一二五三）やロジャー・ベイコン（一二一四頃―九四）といった自然学者のほかに、自然を必然的因果性の世界と規定し、それを自律的な自己規定としての自由と対置させる思想を展開したドゥンス・スコトゥス（一二六六―一三〇八）をも生んでいた。オッカムは、このスコトゥス的な二元論を唯名論的な方向へとおし進める。

オッカムによれば、概念や言葉はなんら事物の本質や形相を表わすものではなく、個物を表示する記号にすぎない。存在するものは個物のみであって、自然界にはなんらの目的因も存在せず、それを追求するような自然神学は無意味である。こうした「唯名論（ノミナリズム）」によってオッカムは、神をいっさいの目的論的秩序から解き放ち、意志的存在者としての人間に対峙させた。絶対的な善きものとしての神と、それに向かう目的論的存在者としての人間というトマス流のイメージは、彼において明白に否定されることになったのである。

当時アヴィニヨンにあった教皇庁はこの神学思想を危険視し、オッカムは呼びだされて審問を受ける。それ以後、彼はマルシリウス同様、南ドイツのバイエルンのルードヴィッヒ四世の庇護のもとに、ローマ教皇庁に論争を挑んでゆく。オッカムによれば、世俗の権力は、究極的に人民の同意にもとづくものでなければならない。権力者たる皇帝も人民の代表者であり、人民の共通善を促進するかぎりにおいて正当性を有する。彼は、こうして哲学においてのみならず社会思想においても、近代を準備する思想家となった。

中世キリスト教思想の遺産

キリスト教はその後のヨーロッパ思想の流れを大きく変えた。とりわけ社会思想史において重要なのは、万人の神の前の「平等」という観念のほか、「歴史の進歩」と「自然法」という思想が導入されたことである。ストア学派も共有した平等思想は、プラトンやアリストテレスの限界を打ち破り、近代の人権思想の母胎となった。またユダヤのヘブライズムからパウロをへて、アウグスチヌスによって体系化された歴史の進歩というヴィジョンは、まさに古代ギリシアの思想家たちのあずかり知らぬものであった。実際にこのようなヴィジョンによって、歴史は循環するものでなく完成へ向けて人びとが改革すべき対象となったのである。もちろん、アウグスチヌスの「神の国」と「地の国」という二分法が示すように、キリスト教の歴史観は近代の世俗的な進歩史観とは決定的な点で異なっている。だが、アウグスチヌスの場合ですら、世俗国家は地の国に堕さないように神の国を見ならうべしと説かれたのである。逆説的ではあるが、こうしたキリスト教の歴史観が存在したからこそ、その落とし子としての世俗的な進歩史観が生まれたともいえるだろう。

一方、ストア学派に始まりトマス・アクィナスによって体系化された自然法思想は、コスモポリタニズムを前提としている点で、古代ギリシアのノモス論にはみられない地平を獲得することになった。自然法はポリスの自由人だけでなく、神が定めた万人の精神的規範として実定法のありかたを規定する。この自然法思想は、すでにみたマルシリウスをはじめとするさまざまな批判にもかかわらず、その後スペインのイエズス会士スアレスによって創造的に受けつがれてカトリック的法律論の基盤となり、世俗的な自然法論者グロティウスにも影響を与えてゆく（第四章1）。神学的背景をもつ自然法論は、今世紀に入って、ハンス・ケルゼンのような実定法主義者やエルンスト・トーピッチュ（一九一九―二〇〇三）らの文明批評家から批判されたものの、依然カトリック的な法思想の支柱として、法実証主義に対抗する視座を提供している。トマスによって体系化されたカトリシズムの社会思想的遺産は、この自然法論にとどまらない。人民の「共通善」の実現を根本規範とし、人間の「人格性と社会性（共同性）」とを同時に強調する社会哲学は、今世紀に入ってフランスのジャック・マリタン（一八八二―一九七三）らによって唱えられ、近代の個人主義と全体主義の双方に対抗する哲学として、カトリック社会倫理の基盤を提供している。さらにその語源が示すように、民族や地域を超えた「普遍性」を謳うカトリシズムは、近代の主権国家や国民国家を超えた理念を提供するものとして、今日のEUや「ヨーロッパ共通の家」の一つの強力な精神的バックボーンとなっていることも、指摘しておこう。

エピクロス『エピクロス 教説と手紙』（出隆・岩崎允胤訳、岩波文庫）／『後期ギリシア哲学者資料集』（山本光雄・戸塚七郎訳編、岩波書店）
キケロ『法律について』（中村善也訳、〈世界の名著〉14、中央公論社）／『国家について』〈部分訳、水野有庸訳、〈世界の名著〉同。岡道男訳、〈キケロー選集〉8、岩波書店）
聖書（日本聖書協会訳）
アウグスチヌス『告白』（服部英次郎訳、岩波文庫。山田晶訳（抄訳）、中公文庫）／『ペラギウス論駁』

（金子晴勇他訳、〈アウグスチヌス著作集〉9・10、教文館）／『神の国』（服部英次郎他訳、岩波文庫）／『アウグスチヌス』（宮谷宣史編、〈人類の知的遺産〉15、講談社）

トマス・アクィナス『神学大全』（山田晶訳（抄訳）、〈世界の名著〉20。稲垣良典・山本芳久編、稲垣良典訳、岩波文庫）／『法について』（稲垣良典訳、有斐閣）／『トマス・アクィナス』（稲垣良典編、〈人類の知的遺産〉20）／『君主の統治について』（柴田平三郎訳、岩波文庫）

上智大学中世思想研究所編『中世思想原典集成18 後期スコラ学』（平凡社）

ダンテ『帝政論』（小林公訳、中公文庫）

II 近代

一方で古代・中世と、他方で現代と区別された「近代」のヨーロッパ社会思想は、つぎのように大別できよう。

まず十五世紀後半から十七世紀前半にかけて、政治・宗教・自然観が大きく転換し（第三章）、つぎに十七世紀半ば頃から十八世紀後半にかけて、ひとくちに社会契約説とよばれる思想体系が形成された（第四章）。そして十八世紀後半から十九世紀後半にかけて、政治社会と区別された市民（経済・産業）社会をどう捉えるかをめぐって、つぎつぎと新たな思想が登場した（第五章）。この三つの時期において、ヨーロッパの近代を特徴づける諸思想がほぼ出そろうことになる。

第三章　政治・宗教・自然観の転換

中世末期のオッカムの思想には、近代の端緒とみなしうる内容がふくまれていた。トマス・アクィナス流の「神‐自然‐人間社会」にわたる世界観からの訣別が、彼において体系的に示されたからである。とはいえ、近代思想の始まりは、トマスからオッカムへという図式だけで捉えられるものでもない。依然スコラ学の内部にとどまっていたオッカムに対し、ルネサンス期にはマキアヴェリのような徹底した世俗の非キリスト教思想家が「権力政治論」を打ちだし、それと対極に位置する「人文主義者（humanist）」の社会思想も、スコラ学的発想とは異質なものであった。宗教改革を遂行したルターはオッカムの影響を受けたが、ケプラー、ガリレイ、デカルトらの自然観にはオッカムの唯名論にはない要素がふくまれている。こうした多岐にわたる近代初期の諸思想を、政治・宗教・自然という三つの局面で概観していきたい。

I　ルネサンス期の政治・社会思想

ルネサンス（Renaissance）という用語はもともと美術様式の再生を意味していたが、決定的にこの語が学問の世界で定着するのは、スイスの歴史家ブルクハルト(一八一八—九七)が『イタリア・ルネサンスの文化』を著わし、十四世紀から十六世紀のイタリア全体にこの語をあてて以来のことである。その後、ブルクハルトの歴史観に対し、中世との連続性を強調するカトリック系の思想家や、逆にルネサンス期を近代と認めないトレルチ(一八六五—一九二三)のようなプロテスタント系の思想家も現われ、ルネサンス期の位置づけに関してはいまだ決着がついていない。とはいえ、この時期の政治・社会思想は、当時の戦乱に直面して中世思想にはなかったような処方箋を呈示しており、それを近代の始まりに位置づけることは決して不当ではあるまい。それらは、一方では権力政治論として、他方ではそれと対照的な理想主義ないしユートピア思想として展開されてゆく。

a　マキアヴェリの権力政治論

ルネサンス期の社会思想の一方の極に立つのは、マキアヴェリ(一四六九—一五二七)である。メディチ家が支配するフィレンツェに生まれた彼は、そのメディチ家に代わって登場したサヴォナローラ(一四五二—九八)の神権政治がわずか四年で倒れた後に、フィレンツェ市政府の第二書記局長となり、ローマ教皇庁をもふくめて諸都市が抗争しあう戦国状況のなかで外交・軍事の実務にたずさわった。その体験において彼が学んだ最大のものは、一五〇二年の交渉のさいにつぶさに観察したウルビア公チェーザレ・ボルジア(一四七五—一五〇七)の巧みな権力の操作法であった。

一五〇八年、フィレンツェの政権を奪回したメディチ家によって解任されたマキアヴェリは、『君主論』(一五一三脱稿、一五三二出版)『ディスコルシ(ローマ史論考)』『戦術論』『フィレンツェ史』などの執筆に専念する。

権力操作術としての政治学

『君主論』は、諸国家に分裂したイタリアの統一はいかにして可能かというモチーフで書かれ、それには才智にたけた君主の権力によるほかはないことを説く。マキアヴェリにとって政治の主要テーマは、人びとが善き共同体をいとなむ場として想定された「ポリス」や「キヴィタス（civitas）」ではもはやなかった。政治の対象となるのは、支配者（君主）の権力同士がぶつかりあう場として想定された「スタト（stato）」であり、そこに登場する人びとは、「ゾーン・ポリティコン」ではまったくなく、共通善などには無関心で、もっぱら貪欲に駆りたてられる利己的な人間として描かれる。いまや政治の学問的関心事は、君主がその貪欲な人びとをいかにコントロールし、スタトを管理拡大するかという問題だけに限られる。

こうしてマキアヴェリは、ソクラテス以降つづいていた魂の徳、善き生活、共通善、正義といった倫理的カテゴリーを政治の世界から追放し、純粋な権力操作術としての政治学を構想した。それはまさに「力は正義なり」という古代ギリシアのカリクレス的思想をほうふつさせるが、アナーキー的なカリクレスの主張とは異なり、つぎのような独自の概念にもとづいている。

フォルトゥーナとヴィルトゥ

マキアヴェリの権力政治論は、「フォルトゥーナ（fortuna）」と「ヴィルトゥ（virtù）」という根本概念によって基礎づけられる。フォルトゥーナとは現世を支配する命運を意味するが、それは力のない人びとを翻弄する「偶然的運命」と同時に、力のある人間にとっては「好運」となりうるものでもある。他方、ヴィルトゥとは力量や手腕を意味し、とくにフォルトゥーナを自分に「有利な方向へ動かす能力」として理解されねばならない。君主に必要なのはまさにこのヴィルトゥであり、これによって君主は人民とスタトを支配できるようになる。

ヴィルトゥによってフォルトゥーナを物にする君主は、プラトンが理想とした哲人王ではまったくない。君主は人びとの幸福ではなく、スタトの保持と拡大のために存在するのである。マキアヴェリは、君主は人びとに愛されるよりは恐れられるように、しかし憎まれたりしないようにふるまうべきだと言う。「ライオンの力と狐の巧智」を持った君主こそ、彼の理想とする君主であった。

さらに彼は大著『ディスコルシ論（ローマ史論考）』で、理想の共和国体制を古代ローマに求める議論を展開したが、そこでもやはりヴィルトゥにたけた人びとの権力操作術の巧みさが称えられている。こうしたマキアヴェリの政治論は、それまでのヨーロッパの倫理的な政治思想と絶縁し、新たな基礎概念にもとづいて政治を論ずるという点で画期的なものであった。まさにパワー・ポリティクスないしレアル・ポリティークの思想宣言であったと言ってよい。しかし、ルネサンス期にはこれとは正反対の、理想主義的な思想も力強く存在する。

b　人文主義者の平和思想

ピコの人間論と平和論

マキアヴェリと対極をなす思想は、すでに彼が活動する以前のフィレンツェにおいて、ピコ・デラ・ミランドーラ（一四六三―九四）によって宣言されていた。わずか三十一歳の若さで世を去ったピコは、自らが企画した「世界哲学者会議」のための提題集として『人間の尊厳』を著わし、人間の尊厳がなによりも「内なる無限の創造力」に求められるべきことを説いた。人間は、自らの創造力を尽きることなく発揮させることによって、自らを創造主として感じつつ神的な高みへ上昇してゆく。このピコの思想は、超越者たる神を人間の内部に求め、無限というそれまでネガティヴに用いられた概念をポジティヴにもちい、人間による世界の創造の意義を説く点で、のちのドイツ観念論哲学に代表されるような「主体の形而上学」の先駆をなしている。

だが、それにもまして強調されねばならないのは、ピコがこのような人間像をもとにして、ギリシア的精神、キリスト教、ユダヤ教、イスラム教等々のあらゆる宗教思想を一つに結ぼうと試みたことである。たがいの無理解に起因する宗教戦争や思想闘争は、断じて避けられねばならない。世界の平和は、たがいに異質な宗教や思想のなかに普遍的で神的な人間像を見出し、友愛の精神で一致しあうことによってはじめて可能である。そうした意図のもとに彼は「世界哲学者会議」を企てたのだったが、これはローマ教皇庁の反対によって頓挫し、彼はサヴォナローラが政権を奪取する混乱のなかで毒殺された。

エラスムスの社会批判

ピコの死によってイタリアでは理想主義が途だえたが、アルプスの北方では、マキアヴェリの同時代人が彼に抗するような社会思想を展開していた。ヨーロッパ大陸でそれを代表するのがオランダのエラスムス（一四六六―一五三六）である。

カトリックの司祭でもあったエラスムスは、豊かな人文主義の教養をもとに聖書の新しい注解を行なったほか、当時の教会や世俗社会を痛烈に批判する姿勢をつらぬいた。一五〇九年に執筆、一一年に発表されて爆発的な売れゆきをみせた『痴愚神礼讃』は、モリアとよばれる痴愚の女神の自慢話というスタイルで当時の社会の病根をつぎつぎと暴いてゆく。そこで批判の対象となったのは、法律を認めず公共の福祉に敵対し、私益の追求にあけくれる王や諸侯たち、うそ偽りの生活を常とする商人たち、権威主義的に生徒を虐待する学校の先生、平和の使徒ではなく戦争の騎士と化したローマ教皇や司教や司祭たち、空理空論をもてあそび学派争いに終始する神学者や哲学者たち等々である。なかでも彼がとりわけ憂慮したのは、人びとの戦争癖であった。

エラスムスは平和を追求すべく、次いで『キリスト教君主教育論』を著わした。そこではプラトンやアリストテレスが重視した「優秀者支配 vs 僭主」という伝統にたち返り、君主は民衆に仕えるために存在することを強調、君主はプラトン、アリストテレス、キケロなどの書を読んで人格を陶冶しなければならないと説く。それはほぼ同時期に記されたマキアヴェリの『君主論』とは、まったく対照的な命題でつらぬかれている。また『平和の訴え』においてエラスムスは、理性をもつという点で他の動物よりすぐれているはずの人間が、同種間の戦争にあけくれて動物以下の存在に堕している現状を嘆き、平和と相互の献身こそキリスト教の最大のメッセージであると強く主張した。彼によれば、イエスが真に望んだものは「人びと相互の平和と愛」であり、聖餐式も人びとの平和と和合の象徴として理解されねばならない。教皇をはじめ世のキリスト教徒が、このメッセージを忘れ、戦争に狂奔しているのは、まさにスキャンダル以外のなにものでもないと言う。

このように当時の教会をきびしく批判したエラスムスも、ルターの宗教改革には賛成しなかった。彼はプロテスタント教会の成立を分派活動とみなし、また『自由意志論』を著わしてルターの神学思想と一線を画する(2節aを参照)。彼にとって重要なのは全キリスト教徒の和解であり、新たな教会の樹立ではなかったのである。

c　モアのユートピア思想

ルネサンス期の理想主義的な社会思想を象徴する作品は、イギリスのトマス・モア(一四七八―一五三五)によってもたらされた。モアは、ロンドン市の行政管理職にありながらピコの思想に傾倒し、エラスムスとの交流によって思索を深め、一五一七年に『ユートピア』(脱稿一五一六)を発表する。その後テューダー王朝に助言者として迎えられ、俗人でありながら大法官となり、ながらくその職を務めた。だが、カトリック教会の側からヘンリー八世の離婚と再婚に反対したため、斬首刑に処せられた。

社会批判

『ユートピア』第一巻は、アメリゴ・ヴェスプッチの仲間として世界周航の旅に出たラファエル・ヒュトロダエウスなる主人公の口から、モアの社会批判が語られる。十五世紀末から、イギリスは第一次エンクロージャー(土地囲い込み)によって大量の農民が職を追われ、浮浪者となって飢えにあえいでいた。政府はこれらの浮浪者に対して厳罰主義をもってのぞみ、盗みを犯した者をつぎつぎに処刑しているが、これは泥棒を育成しておいて処罰するという倒錯したやり方にほかならない。これでは人びとの心はますます荒廃し、悪化の一途をたどるだけであろう。こうした情勢を打開するには、農耕を復活させ織物業を再建して、人びとに職を与える以外にない。だがそれでもまだ不十分である。私有財産が存在し、なにごとも金銭の尺度で測られるような世の中では、社会全体が正しく治められることも、人びとが幸福になることも不可能だろう、とラファエルは言う。

ユートピア島の社会体制

ユートピアとは、ギリシア語をもじった造語であり、「どこにもない所」を意味している。『ユートピア』第二巻は、ふたたびラファエルの口を通して、モアの理想とする社会がユートピア島として描きだされる。赤道直下にあって、五四の都市からなるこの島には、いっさいの私有財産と貨幣が存在せず、プライバシーの問題もない。金は鉄よりも役に立たない物で、囚人をつなぐ鎖か便器にしか使われず、宝石も子供のおもちゃにすぎない。島の住民（ユートピア人）は、六時間だけ生産労働にたずさわり、自由時間は学問をして過ごすが、その目的はどこまでも精神の陶冶にある。

毎年、三〇世帯に一人の割で役人が選ばれるが、彼らの権限は生産労働の管理や紛争の調停などに限定されている。奴隷はいるけれども、それは罪を犯した者や他の国で死刑を宣告され逃げてきた者、あるいは他の国から来た奴隷志願者である。信仰は自由であるが、高い地位につく人はなんらかの宗教心をもっていなければならない。それによって人びとの生活を円滑に導くことができるからである。外交や防衛政策に関していえば、戦争する動機がない以上、こちらから戦争を起こすことはありえないが、侵略された場合はそれに抵抗する権利をもっている。

モアが描くユートピア社会はこのようなものであった。彼は構想にあたってプラトン『国家』から多くのヒントを得ているが、エリート支配ではなく「万人平等」の共産主義体制である点で、プラトンの理想社会とは決定的に異なっている。モア自身、このユートピアを実際に実現可能な社会と考えたわけでは決してなかったが、描かれたヴィジョンはまさしく彼が理想とする社会であり、それがマキアヴェリのリアリズムとは好対照をなしている。

d　その他の社会思想

最後に、マキアヴェリ的リアリズムと人文主義的アイデアリズムのいずれにも当てはめることのできない、この時期の社会思想をあげておく。

カンパネッラの『太陽の都』

長年にわたる投獄や拷問にもめげず、波瀾万丈の生涯をおくったカンパネッラ（一五六八—一六三九）が獄中で記した『太陽の都』（出版一六二三）は、モアと並ぶ社会のユートピア論とされている。

この書は、コロンブスの航海長をつとめたジェノヴァ人が、世界一周したさい訪れた赤道直下の「太陽の都」を修道士に語るというスタイルで記される。太陽の都では、役人すべてが聖職者からなり、「太陽」と呼ばれる一人の君主が全市民を統治し、そのもとに「権力」「知識」「愛情」とよばれる補佐官がいる。「権力」は、戦争・平和・軍事一般をつかさどり、「知識」は、あらゆる学問について記された一冊の本によって市民を教導し、「愛情」は、人びとの生殖行為を監督するほか、衣食住のもろもろをつかさどる。特筆さるべきことは、科学や技術が重んぜられるのはともかく、この都では財産のみならず女性も共有とされ、また高官の司令に従わない者は容赦なく厳罰に処せられ、神へのいけにえ制度も確立されていることである。また、他国との戦争を不可避とみなし、つねに戦争への準備をおこたらない。

モアのユートピアが、政権担当者が人民になるべく干渉せず、刑罰もできるだけ軽いことを理想としていたのとは対照的に、カンパネッラは上からの管理と統制によって人びとを縛る神権政治体制を描きだす。彼のユートピアは露骨な政治権力の行使にためらいなく積極的な点で、逆説的ではあるが、モアよりはむしろマキアヴェリの社会観に近づくように思われる。

モンテーニュの保守的人文主義

ルネサンス期には、徹底してリアルな目で人間を考察し、人間の尊厳を説く思想家も現われた。フランスのモンテーニュ（一五三三—九二）がその代表である。

ボルドー地方の最高法院の職や、のちに市長もつとめたモンテーニュは、ストア学派などについての豊かな教養をもとに『エセー』を著わし、人間であることの条件は死の自覚なしには考えられないと説く。哲学とはどのように死ぬかを学ぶものであり、「メメント・モリ（死を忘れるな）」をモットーとして生きてこそ人は賢者といえる。また、法律や政治その他もろもろの社会制度は人びとの習慣に深く根ざしたものであって、そう簡単に変えうるものではなく、急激な社会変革はかならずや予期せぬ悲惨な結果を招来するであろう。一部の病いを治すために社会全体の死を招くようなことは断じて避けられねばならない。このように、同じ人文主義者のエラスムスやモアとは違って、モンテーニュの社会思想は保守的であるが、それは実際に彼が政治職において体験した宗教戦争の悲惨や、ペストの流行によって人間の生のはかなさを直視したことなどに裏づけられていた。彼の保守主義は、どこまでも死を前にした人間考察の深みから発せられたものであった。

2　宗教改革の諸思想

このような諸思想が主に知識人のあいだで展開されてゆく一方で、民衆の生活に直接大きな影響を及ぼしたのは宗教改革であった。聖書に依拠しつつ、既存の教会を攻撃する運動はすでに十四世紀後半から十五世紀前半にかけて、イギリスのウィクリフ（一三二〇頃―八四）やチェコのフス（一三七〇頃―一四一五）らによって先鞭がつけられていたが、ローマ教会に弾圧され、フスにいたっては焚刑に処せられた。これに対して十六世紀前半に起こった宗教改革運動は、広範な民衆の支持のもとに成功をおさめ、以後、キリスト教は大きくカトリックとプロテスタントに分裂する。

a　ルターの宗教・政治思想

ローマ教会批判

ドイツの農民の子として生まれたルター（一四八三―一五四六）は、最初エアフルト大学の人文学部と法学部に学んだが、二十二歳のとき内面の激しい葛藤にみまわれてアウグスチヌス会に入り、神学を修めて聖職者となった。もっとも彼を悩ましたのは個人の「内面的救い」の問題であり、そこから彼は、善き行ないを積むことによってでなく、ただ信仰を通して、神の恵みを受けることによってのみ人間は救われるという結論にいたる。オッカムの影響を受けながらも、その主意主義からも離れて敬虔な信仰主義へと入っていった。

そうしたなか、たまたまローマ教皇庁がサンピエトロ大聖堂を建てるために、それを買えば親兄弟まで罪が許されるという「贖宥状（indulgentia）」を売りはじめた。ルターは信仰主義の立場からこれに抗議して一五一七年、「九五ヵ条の論題」を書き、自分の町の教会に貼りつけた。ところがこれがまったく予測しえなかったほどの大きな波紋を巻きおこす。これを挑戦と受けとったローマ教皇庁が、ライプチッヒで審問し、そこでルターは教皇の至上権を否定、そして一五二〇年に三大改革文書を著わして徹底的にローマ教会を批判するにおよんで、教皇庁は彼に破門を言い渡した。ルターがこの破門状を焼き捨てて独自の教会組織をつくることを宣言、ここにキリスト教会は分裂するにいたった。

三大改革文書

三大改革文書の最初のものは『ドイツ国のキリスト教を信ずる貴族へ』と題されている。ローマ教会に代わってドイツの貴族たちが教会を改革すべきことを訴え、さらにローマ教皇権を明確に否定して万人司祭主義を唱えた。すなわち神と平信徒とのあいだに介在する聖職者の身分を廃止し、キリスト教徒すべてを聖職者とする考えであった。これによって教会のヒエラルキーは否定され、教会はみなキリストの名において、一《いっ》に結びつく。

第二の改革文書は『教会のバビロン捕囚』と題して、昔、ユダヤ人がバビロンで囚われたのと同じように教会が、聖書にもとづかない儀式に囚われていることを弾劾した。ルターはカトリック教会が定めた七つの秘蹟のうち、洗礼と聖餐のみを承認した。

改革文書の最後を飾るのは『キリスト者の自由』で、パウロのことばを引用しつつ、キリスト教徒一人一人が、すべての者の上に立つ自由な主人であると同時に、すべての者に仕える僕《しもべ》とならねばならないと説いた。

信仰主義とエラスムス批判

このようなラジカルな思想によってルターの新しい教義は確立されていったが、ここでふたたび彼の信仰主義にスポットをあててみよう。ルターによれば、人間はみな神の前に平等であり、罪からの救いは、人間一人一人が信仰によって悔い改め、神の恵みを受けること以外にありえない。スコラ学が論じたような、理性や自由意志による神認識への道などは無意味どころか有害なのである。ルターはさらに同時代人エラスムスにも批判の矢を向ける。すでにみたように、人文主義者エラスムスは理性と自由意志を重んじ、それらを欠いた教会の堕落を糾弾する一方、『自由意志論』を著わしてルター派と一線を画そうとした。ルターの反駁は『奴隷意志論』というもので、人間の自由意志は原罪によって歪められているので、これを擁護するエラスムスは、かつてアウグスチヌスが批判したペラギウス派と同じ誤りを犯している。神の恵みは、自由意志を否定し、ひたすら神の前で悔い改めることによってのみ人間に与えられるというのが、その批判の核心であった。

政治権力論

ところで、教会での万人司祭主義を唱えたルターも、その政治思想においてはすこぶる妥協的で保守的な姿勢を示した。一五二三年の『世俗権力について』は、世俗国家を、信仰という個人の内面に関する共同体（教会）とはまったく次元を異にした権力組織とみなし、そのようなものをキリスト教のレベルで論じようとするのは間違いで、信仰者はそのことをわきまえて世俗の権力に服従しなければならないと説いた。

アリストテレス・トマス流の政治思想や自然法思想を頭から拒否し、もっぱら聖書のことばに依拠しようとするルターにとって、こうした「信仰と政治の二元論」は、ある意味で必然的な帰結であった。また、ローマ教会から身を守ってくれたドイツの領邦君主に対する感謝の念もふくまれていたであろう。しかしこのような二元論は、社会のありかたに対する無関心をうながし、ひいては非合理的な判断を招きがちである。実際、トマス・ミュンツァー（一四八九―一五二五）らが神の国の実現という名目で起こした農民戦争に対して、ルターはこれを徹底的に弾圧し、暴徒を殺すよう率先して領邦君主に呼びかけている。宗教観における急進性・批判性と政治観における保守性・無批判性とが、ルターのなかで奇妙に補完しあっていた。

b　カルヴァンの宗教・政治思想

宗教改革の旗手はルターひとりにとどまらない。ドイツの隣国スイスのチューリッヒでは、聖餐式を認めずミサと聖画像を禁止するなど、ツヴィングリ（一四八四―一五三一）がルター以上に急進的な運動を行なった。しかしルターは彼に異端を宣告し、反カトリックの立場をとるプロテスタント教会の足並みも乱れた。ツヴィングリは民衆に大きな影響を与えぬまま戦死してしまうが、彼に代わってジュネーヴで、ルターと並ぶ改革者となったのがカルヴァン（一五〇九―六四）である。

フランス東北部に生まれパリに学んだカルヴァンは、一五三三年に回心して宗教改革の信条をもつにいたる。翌年、迫害を逃れるために移ったスイスのバーゼルで『キリスト教綱要』を脱稿し、三六年、教会改革運動の闘士ファレル（一四八九―一五六五）の頼みでジュネーヴに移り住んだ。一度は市当局によって追放されたが、ふたたび戻ってからはこの首都で神権政治を実践してゆく。まず、彼の新しい教義からみていこう。

神中心の世界観と世俗社会の倫理

カルヴァンも、人間の自由意志が罪によって堕落しており、人間の救いが一方的な神の恵みによってのみ可能であると説いた。しかし新約聖書に重きをおいたルターとは異なり、カルヴァンは旧約聖書のエホバをほうふつさせるような「神の超絶性」をひときわ強調し、全智全能の神にくらべれば人間はまったく無力であること、この世のいっさいのものはただ神の栄光を称《たた》えるために存在し、さらに、誰が救われるかは神によってすでに定められているなど独自の教義を確立してゆく。かつて中世カトリシズムを代表するトマスは、存在の類比という考えによって人間や世界と神との連続性を唱えたが、カルヴアンは逆に神との徹底的な断絶を説き、ラジカルな神中心的世界観を打ちだすのである。

カルヴァンによれば、人間は自分が救われるかどうかをあらかじめ知ることはできない。しかし現世を「神の栄光を現わす場」に変える努力を積みかさねることによって、自らが神の栄光にあずかっていると感じたとき、自らの救いを部分的に認識できる。だから、自分の「職業（vocation）」を通して現世の神の栄光にあずかるよう努めなければならない。こうして、カオス的な現世を神の栄光の場に変えてゆく営為としての職業が、信仰生活と直結された。人間にとって信仰は、超世俗的な事柄ではなく、世俗社会そのものの倫理となる。裏返していえば、世俗社会の禁欲的な生き方だけがキリスト教信仰のあかしとされたのである。

カルヴィニズムの伝播

キリスト教徒の政治参加についてきわめて消極的であったルターと違い、このようなカルヴァンの宗教思想は教会と政治を切り離しえないものとした。カルヴァンはジュネーヴで厳格な教会の規律を打ちたて、市民の政治生活のほとんどを教会が引き受け、管理する「神権政治」を指導したのである。その結果、カルヴィニストの団結が強められた反面、市民相互の監視によって、異端のみならず享楽・奢侈・暴力などがきびしく取り締まられ、多くの処刑者を出すにいたる。すぐれた人文学者も処刑されるなど、その神権政治は寛容からはほど遠いレベルにとどまっていた。

しかし、一方でカルヴィニズムがジュネーヴの外に伝播していったとき、それは既存の権力に対する反体制の論理を提供した。フランスのユグノー、オランダ（ネーデルランド）の改革派、イギリスの清教徒（ピューリタン）などが、いずれも各地で権力と衝突していった。フランスのユグノーは一五七二年の「聖バルテルミーの虐殺」によって大きな打撃を受けたが、一五九八年の「ナントの勅令」で生き残り、オランダの改革派教会はスペインからの独立を実現する主体となり、イギリスの清教徒は王朝を打ち倒す一大勢力となった。さらにイギリスの清教徒が新大陸に渡ってアメリカ建国の精神的支柱を担ったことも忘れられてはならない。ドイツ内部にその影響力がとどまったルター主義よりも、カルヴィニズムは、はるかに大きな社会的役割を演じたのである。

付　カトリックの対抗宗教改革

ところで、宗教改革は単にプロテスタントの出現を意味するばかりではない。十六世紀には、プロテスタントに対抗してカトリック側でも教会刷新が行なわれ、広い意味でそれはカトリック内部の宗教改革とみなしてよい出来事であった。一般に「対抗宗教改革」の名で知られるこの運動は、一五四五年から六三年までつづいたトリエント公会議で始まり、イグナティウス・デ・ロヨラ（一四九一－一五五六）のもとに結成された「イエズス会」によって遂行された。イエズス会士は、ロヨラの『霊操』にもとづいて一定期間の精神的鍛練をへたのち、修道院を出て世俗社会のまっただなかで布教活動を展開していった。ヨーロッパ各地に学校を建てて高等教育を施し、南アメリカやアジアの各地に渡って布教し、日本布教の担い手もまた彼らであった。カルヴィニズムが聖俗二元論を排して世俗の聖化運動を行なったとすれば、カトリックのそれはイエズス会によって推進され、のちにみるように（第四章1）近代的な抵抗権思想もカルヴィニストとイエズス会士のなかから生まれてくる。

3　近代自然科学の思想

近代ヨーロッパの始まりを告げる一つの大きな思想的出来事として、自然観の大転換をあげなくてはならない。それはまず宇宙像の変革から起こり、ついで自然観一般に波及していったが、従来のアリストテレス・トマス的な自然観にとって代わるという意味で、まさしく革命的な出来事であった。

a　自然科学革命

十六世紀から十七世紀前半にかけて、つぎつぎと新たな自然認識のパラダイムが生みだされ、その一連の成果はひとくちに「自然科学革命」とよばれている。

太陽中心説と宇宙無限論

中世ヨーロッパを支配した宇宙像は、不動の地球を中心としてそのまわりを惑星や太陽が回転し、その背後に恒星圏が存在して、いちばん奥の円周部分を神が占める——という地球中心の有限な宇宙像であった。アリストテレス・プトレマイオス体系として知られるこの宇宙像は、すでに十五世紀に、ケルンの枢機卿ニコラウス・クザーヌス（一四〇一—一六四）によって独自の形而上学的見解から部分的には否定されていた。しかし十六世紀に入って、ポーランド人コペルニクス（一四七三—一五四三）とイタリア人ジョルダノ・ブルーノ（一五四八—一六〇〇）によってそれは決定的にくつがえされる。

まずコペルニクスは『天体の回転』を著わし（出版は没後）、地球を宇宙の中心からはずして、惑星運動を太陽のまわりの円運動として説明する「太陽中心説（地動説）」を大胆に打ちだした。この宇宙像は、太陽こそ宇宙の中心で、それにくらべれば地球はとるにたらないとする当時の太陽礼讃説とも大いに関係があったといわれている。また、宇宙を有限とみなし、太陽のまわりを地球が円運動すると考えた点で限界をもっていた。

ナポリ近郊に生まれ、最期は異端として焚刑に処せられたブルーノは、『無限・宇宙・世界』において「宇宙の無限」という革命的なヴィジョンを唱えた。ブルーノによれば、太陽系は別の大きな系に組み込まれ、それがさらに大きな系に組み込まれていってきわまることなく、ついに万有が広がってゆく無限の諸空間がひらかれる。この宇宙無限論は、自然科学的データに裏づけられたものというより、ブルーノの詩的直観力に負うところが大きかったが、コペルニクスよりもラジカルに従来の宇宙像を破壊するものであった。

神秘思想家ケプラー

コペルニクスの太陽中心説は円運動にとらわれたため、天体の観測に関してはプトレマイオス体系をかならずしも凌ぐものとはなりえなかった。その限界を打ち破って惑星の「楕円運動」を唱え、画期的な「三法則」を発見したのがケプラー（一五七一―一六三〇）である。

ドイツに生まれたケプラーは、ティコ・ブラーエ（一五四六―一六〇一）が所長をつとめるプラハの天文学研究所で、膨大な観測データをもちいて三法則を発見する。なかでも惑星が太陽を焦点として楕円運動を行ない、その運動は太陽に近づくほどより速く、遠ざかるほどより遅いという考えは、それまでの等速円運動という考えに慣れ親しんできた人びとにはなかなか受け容れられず、ガリレイですらそれを拒んだといわれている。だがケプラー自身、この法則を一種の神秘的精神で捉えていたことは忘れられてはならない。『宇宙の調和』とよばれる作品は、彼が自然科学者であると同時に一人の神秘思想家であったことを如実に示している。かつて古代ギリシアのピュタゴラス（前五八二頃―四九七頃）は、弦の長さの数的比によって音楽が生まれることを突きとめ、数こそ万物の調和をなす根源と考えたが、ケプラーも同じように、宇宙の法則は数式によって表わされると固く信じ、それが推進力となって自然科学上の大発見がなされたのである。

ガリレイによる自然の幾何学化

一六〇九年、自分でつくった望遠鏡によって木星の衛星や太陽の黒点を発見し、全ヨーロッパに一躍その名を知られることになったイタリアのガリレイ（一五六四―一六四二）は、実験能力に秀でた職人的な科学者であった。若くして振り子の等時性を発見し、当時、大学に根強く残存していたアリストテレス学派の攻撃に対しても実験科学にもとづいて着々と反論していった彼は、一六三二年に『天文学対話』を著わし、彼らの誤りにとどめを刺そうとする。対話というのは、ガリレイの代弁者であるサルヴィアチ、アリストテレス主義者のシムプリチオ、良識人サグレドの三人が四日間にわたって論議し、プトレマイオス体系の誤りとコペルニクス体系の正しさが立証されるという内容になっている。しかしこの書が直接の原因となって、ガリレイはローマ教皇庁によって裁判にかけられ、有罪判決を受ける。しかしそれにもめげず、晩年にも『新科学対話』を著わして、地上の力学の諸法則を体系化した。

思想史的にみてもっとも重要なことは、彼が唱えた徹底して幾何学的な自然認識である。彼の見方によれば、神は聖書と自然という二つの書物を通してわれわれに語りかけるが、もしこの二つが矛盾する場合は、聖書の解釈を考えなおさねばならない。そして自然は数学ということばで書かれており、自然の解明のために使用される文字は三角形、円、その他の幾何学的図形なのである。したがって、スコラ学が想定した冷・熱・乾・湿などの質的リアリティは意味をもたず、形・数・運動という「量的リアリティ」こそ自然認識を形づくる。このようにガリレイにおいて自然学は、今日的意味での物理学へと変容する。そしてこうした自然観を哲学的に基礎づけたのが、後にみるデカルトである。

b　ベイコンの自然支配思想

科学者というよりは文明思想家として後世に多大の影響を与える自然観を打ち立てたのは、イギリスのフランシス・ベイコン（一五六一―一六二六）であった。最初ロンドンの政界で活躍していたが、失脚してからは執筆活動に専念し、学問論・自然観のきわめて野心的な一新をくわだてた。

学問の大改造

ベイコンがめざしたのは、ルネサンスの三大発明――羅針盤・活版印刷術・火薬――に遅れをとらないだけの、役に立つ学問の構築であった。技術文明の進歩を体系的に導きだすような学問こそ緊急に必要であり、それ以外の無益な学問は解体されねばならない。解体さるべきは、まず従来のスコラ学であり、また当時、巷で流行していたパラケルスス（一四九三―一五四一）流の錬金術であった。スコラ学は

「蜘蛛《くも》」のようにいたずらに精緻な理論を展開するが内容に乏しく、実際には役に立たず、錬金術は「蟻」のように熱心に材料を集めてそれを性急に金や銀に変えようとするが、その成果と称するものはでたらめで、いんちきである。それに対し、真に社会の進歩に寄与する学問は、雑多な花から材料を求め、それを自分の力で変形・消化する「蜜蜂」のやり方を範としなければならない。それをベイコンは「帰納法」と呼ぶ。

技術の優位

彼にとってアリストテレスの目的論的な自然観は、「神に捧げられた処女のごとく不毛」であり、社会の進歩に役立たないがゆえに即刻廃棄さるべき過去の遺物にすぎない。自然はそもそも、あるがまま観照されるためにではなく、人間に役立つために存在しており、技術によって支配されて意味あるものとなる。技術を通して人間が自然へ介入して自然の姿を変容させ、それによって人類の福祉を増進することこそがベイコンの夢であった。

人間が手を加えることなしには自然はなにも解明されず、技術の手を加えてこそ自然の本性は解明されるという考えによって、ベイコンはヨーロッパの自然観に大転換をもたらす。このような自然観のもとでは、自然物と技術的加工品というアリストテレス流の区分は無効となり、技術の歴史こそが自然史を生むとされた。技術が自然を模倣し、自然にないものを完成させるというアリストテレスの「自然-技術」観（第一章4参照）は、技術の支配によって自然は生かされるという「技術-自然」観にとって代わるのである。いまや、技術が自然に則して語られるのでなく、自然が技術に則して語られるようになった。このような「技術の自然に対する優位」が、自然開発を善とする考え方と直結していることはいうまでもない。こうしてベイコンは近代の技術文明の思想的基盤を提供したのである。

四つのイドラ批判

彼はまた、諸学の大改造の第二部として発表した『ノヴム・オルガヌム』において、人間の予断を排して自然を真に解明するために、四つのイドラ（偶像）払いを提唱した。四つのイドラとは、(1)雑多性を嫌ってすべてを単純化しようとしたり、我田引水したがる人間固有の「種族のイドラ」、(2)個人に特有の性格や、これまで経験してきた教育や交際や読書によって生ずる「洞窟のイドラ」、(3)幼児期に身につけてしまった言葉から生ずる「市場のイドラ」、(4)従来の誤った学説がつぎつぎと登場してせりふを述べる「劇場のイドラ」である。これらの偶像がアリストテレス的自然学やパラケルスス流の錬金術を支えているとみなした。

だが、はたして先に述べたようなベイコンの帰納法や自然観が、とりもなおさず彼自身のイドラの囚われの産物ではなかったのか、という疑問も残る。彼は数学や幾何学にはそれほど通じていなかったし、その学問論の前提には個人的な問題関心が予断として先行しているからである。とはいえ、このイドラ批判によって、彼は今日の知識社会学がいうところのイデオロギー批判のさきがけとなった。

技術文明のユートピア

ベイコンが地上に築こうとした夢は、未完の小説『ニュー・アトランティス』で描かれている。通常、モアの書と並ぶユートピア作品と称せられるこの小説には、イギリス人一行が長い漂流生活のはてにたどりついた島の「ソロモン研究開発学院」が登場する。この学院は、「事物の原因や隠れた運動についての認識、および人間の領域の限界の拡張」を目的として建てられ、鉱山、測候所、養漁場、植物園、動物園、医薬研究所、溶鉱炉、光学研究所、香料研究所、感官錯誤研究所などの施設を完備し、全世界の学問や技術や発見について情報の収集を行なっている。そこでは、自然が単独ではなしえなかった多くのこと、たとえば無生物からの生物の合成、植物の新種の育成、発育期の変更、水中でも燃える物質の創造、光源物質の発見などが、つぎつぎと実現されてゆく。このベイコンの夢は、まさしく彼がくわだてた諸学問と自然観の一新の意図をよく物語っている。

c　デカルトの機械論的「自然‐生命」観

ベイコンが主に近代の技術文明を基礎づける思想的プログラムを呈示したとすれば、近代の自然科学一般を基礎づける哲学を呈示したのが、フランスのデカルト（一五九六―一六五〇）である。南フランスに生まれ、イエズス会経営の学校を卒業した彼は、世間という大きな書物について学ぼうとして旅だち、志願兵となっているあいだに「コギト」（cogito）という真理にめざめ、そこから一大体系を築きあげていった。

真理論と哲学体系

デカルトは、最初の発表作『方法叙説』において、「いっさいを疑ってみても究極的に疑いえない真理」としてのコギト（われ思う）を、あらゆる真理の土台に据える。このコギトを超える真理は、神の誠実さのほかには存在しない。そしてこのコギトから、明晰・分析・秩序づけ・総合の四つの思考規則が導出され、これらの規則にもとづいて捉えられる幾何学的秩序のみが事物の真理に値すると考えた。

また『哲学原理』のフランス語版の序において、彼は一本の樹になぞらえて自らの哲学体系をつぎのように呈示する。まず樹の「根」の部分は、認識のもっとも重要な諸原理であるところの神の主要な属性や精神の非物質性、および明晰で単純な概念がすべて説明されるところの第一哲学（形而上学）である。つぎに樹の「幹」の部分は、物質的諸原理を発見し、そのうえで全宇宙がどのように構成されているかを調べ、空気・水・火、磁石や他のもろもろの鉱物の本性、さらに植物・動物・人間の本性がそれぞれ個別に探求されるところの自然学である。そして樹の「枝」の部分は、医学・機械学・モラルであり、これらがどのような果実を生むかで哲学の効用が決まるという。

精神と物体の二元論

哲学という樹を養うための根とされたデカルトの形而上学は、精神と物体のラジカルな二元論を説く。すなわち精神と物体は、それぞれ神以外のなにものにもいっさい関係なく存立しうる二つの実体である。精神は「思惟するもの（res cogitans）」であり、その様態としては、理解・意欲・想像・記憶などがあげられる。また感覚は、思惟の様態のなかではもっとも信憑性のおけないものとみなされる。他方、物体は「広がるもの（res extensa）」であり、その様態としては、思惟によって明晰に捉えられるところの形・位置・運動などがあげられる。これに対し、色・味・音など感覚によって捉えられるものには、信憑性が与えられない。このような形而上学的図式によって、自然物と人工物の区別が消失するばかりか、植物と動物、さらに人間の身体も物体の領域とされることになる。

機械としての自然

物体をこのように定義すれば、自然現象も必然的に分割・形態・運動という幾何学的概念を通して機械論的に構成されるようになる。そしてまた、自然の機械運動を理解するためには、物体の空間的な位置運動を知るだけで十分である。自然運動を知るうえで重要なのはどこまでも（広がりとしての）物体であって、それ以外のなにものでもない。デカルトは、このような自然観を一つの自然神学、すなわち神が最初にこの宇宙を機械のように組み立て、それに機械運動を付与したという思想で正当化した。

こうして自然は幾何学的な位置運動を行なう大きな機械運動に見立てられ、一本の樹が実をつけるプロセスと時計がその針を示すプロセスとが同じようなしかたで説明されてゆく。自然の創造主たる神は、目的因ではなく「作用因」とだけ結びつけられる。デカルトの神は、一方でコギトの真理を支える神であり、スコラ学のアンセルムス（一〇三三／三四－一一〇九）の神理解にも通ずるものであったが、機械論的自然の創造主としての神は、目的論的自然神学を唱えたトマスの神理解とも、自然神学を否定したオッカムの神理解とも異なっていた。

西洋医学と心身問題

アリストテレスやスコラ学の伝統とは違って、動植物や人間の身体を機械とみるデカルトの生命観は、イギリスの医師ハーヴィ（一五七八―一六五七）の『血液循環論』から大きな影響を受けている。彼によって、従来のヒッポクラテス（前四六〇頃―？）やガレノス（一二九頃―一九九頃）の体系に依存していた医学が大きな変革を遂げ、今日の西洋医学の基礎が築かれたのである。しかしながらデカルトは、のちのラ・メトリ（一七〇九―五一）のような人間機械論者とは異なって、脳の松果腺において精神と身体が作用しあうという論理を『情念論』で展開する。血液のなかでもっとも動きやすい粒子であるところの動物精気の働きによって、人間のさまざまな情念が生ずるが、人間は情念の奴隷とならないように精神の力でそれをコントロールしなければならない。精神による身体のコントロールによってこそ、人間の高邁なモラルが生まれると言う。

だが厳密に考えるならば、この心身相互作用論には、精神と自然の二元論を打ち破る要素がふくまれていた。そのためデカルト以降、ヨーロッパ大陸ではこのアポリアを克服せんとする形而上学的試みが、スピノザ、ライプニッツらによってなされてゆく。

d　パスカルとヴィーコ

ここでデカルトの真理論と学問体系にまっこうから異を唱えた二人の思想家、パスカルとヴィーコについて触れておこう。

パスカルの二つの真理論

早熟の天才であり、若くして自然科学上の業績をもつフランスのパスカル（一六二三―六二）は、ジャンセニズム派の修道士となり、デカルトに対抗するかたちの真理論を唱えた。すなわち人間の精神には、学問的な秩序を認識する「幾何学的精神（esprit de géométrie）」と、日常的経験の具体的事物を洞察する「繊細な精神（esprit de finesse）」の二種類が存在する。自然科学的な真理がもっぱら前者によって把握されるのに対し、人間性の洞察や神の理解は後者によってなされるのである。人間や神をもっぱら「幾何学的精神」によって論じたデカルトを、遺稿集『パンセ』は糾弾してゆく。理性によって神を信ずることはできない。ただ心によって感ぜられる神、愛の秩序を通して語られる神、アブラハムの神、イサクの神、ヤコブの神のみが信仰に値するというのが、自然科学の領域においても抜群の才を示したパスカルの確信であった。

ヴィーコの真理論と学問構想

イタリアのヴィーコ（一六六八―一七四四）は、デカルトに対して別の観点からアンチテーゼを提出した。デカルトは蓋然性とレトリックを真理の領域から追放し、社会的・歴史的事象を学問の対象としなかった。しかしそのような真理論や学問論は、はなはだ一面的で説得力に乏しい。自然認識といえども、それは人間によってつくられた幾何学や物理学にもとづいて営まれるかぎり、絶対確実な認識というよりはむしろ蓋然的な認識なのである。このような見解のもとにヴィーコは、「真なるもの（verum）」は、作られたもの（factum）に等しい」というテーゼを打ちだし、不確定な要素をふくむ真理としての「蓋然性」と、聞き手を十分に説得させる術としての「レトリック」が復権されねばならないと主張する。デカルトが手がけなかった社会や歴史についての広大な学問領域は、そうしてはじめて拓かれるのである。そしてまた彼は、歴史的諸事実の検証のための言語文献学と、真なるものの検証としての哲学を、新しい学問構想の二大看板とした。

権力政治論と現代

従来の人間の徳性や自然法にもとづく政治論に代わってマキアヴェリが打ちだした「権力政治論」は、ルターの世俗権力とも奇妙に符合するものであったが、それはその後のヨーロッパの一つの有力な政治観として現代にいたるまで引きつがれている。今日、政治を動かす大きな原理が「権力」であり、それをあやつる権力者の意向いかんで政治の方向が大きく左右されることを疑う人はほとんどないだろう。ロシア革命を指導したレーニンは、マルクスやエンゲルスのみならずマキアヴェリの書を愛読したといわれるし（第七章1）、今世紀前半に出たウェーバーの『職業としての政治』（一九一九）は、まさに権力政治の倫理学であった。

ウェーバーによれば、近代国家の本質は「支配手段としての正当な物理的暴力行使の独占に成功した組織的な支配団体」であり、政治家に要求されるものは、動機や意図のレベルで判断される心情倫理ではなく、どのような帰結をもたらしたかというレベルで判断される「責任倫理」である。もとよりウェーバーは、国民の福祉の実現を念頭においている点でマキアヴェリと区別されねばならない。にもかかわらず、国民の徳の育成や自然法思想を捨象して、権力とそれを操作する政治家の結果責任にのみ政治の話を限定する彼の政治思想は、明らかにマキアヴェリ以降の権力政治論の伝統に立脚している。

ユートピア思想と現代

権力政治論と対極をなすルネサンス期の社会思想はユートピア思想であるが、プラトンの哲人王にみられるようなリーダーシップ論を説いたエラスムスにひきつづき、モアは私有財産のない理想的な平等社会をユートピア島として描く。だがモア自身、このユートピアを実現可能なプログラムとは考えなかったこともあり、ユートピア概念は、十九世紀末のマルクス主義者エンゲルスによって、実現性の乏しい空想という意味で卑しめられる。すなわち「ユートピアから科学へ」の標語のもとに、空想としてのユートピアにマルクス主義を科学として対置したのである。しかしながら、二十世紀に入って起こったロシア革命が暴政に転化しつつあった一九二九年、ドイツの社会哲学者マンハイム（一八九三—一九四七）は『イデオロギーとユートピア』を著わし、ユートピアを現実社会を批判しうる起爆剤的概念として再評価する。ユートピアに改めて「現実社会批判」という機能が付与されたのである。そしてこの積極的意味でのユートピアは、フランクフルト学派の社会理論に生かされてゆく（第七章2）。

一方、二十世紀は、未来における悪夢の世界としてのディストピア（distopia）ないし逆ユートピアを描く、SF小説を生みだした。ジョージ・オーウェル（一九〇三—五〇）の『一九八四年』やオールダス・ハックスリー（一八九四—一九六三）の『すばらしい新世界』などは、その代表作といえよう。なお、カンパネッラの『太陽の都』はユートピア思想に位置づけられることも多いが、そのハードな内容からして今日ではむしろディストピアとみなされるかもしれない。

宗教改革と現代

ルターとカルヴァンによる宗教改革は、民衆の生活や価値意識を変える大きな出来事であった。とくにカルヴィニズムは各国に伝播し、社会を揺り動かす大きな勢力となった。ウェーバーの有名な『プロテスタンティズムの倫理と資本主義の精神』（一九〇四）によれば、カルヴィニズムの世俗倫理が欧米における資本主義の発達を促したとされる。はたして彼のいうように、資本主義とカルヴィニズムとが直接関係するかどうかは今日でも見解が分かれるが、他方、プロテスタンティズムの精神性をナチズムにも通ずるものとして否定的に捉える見方も存在する。フロム（一九〇〇―八〇）の『自由からの逃走』（一九四一）は、人間の理性や自由意志の意義を否定したルターやカルヴァンの教義が、ナチを生みだす非合理的な精神構造を結果として招来したことを鋭く指摘している（第七章2）。とはいえ、二十世紀のカルヴィニズムは、ナチにも抵抗した大神学者カール・バルト（一八八六―一九六八）を生んだことも指摘しておこう。

カトリックとプロテスタントは政治的利害もからんで血なまぐさい戦争をくり返していたが、一六四八年のウェストファリア条約以降、宗教戦争はあまりみられなくなり、国家主権の思想とあいまって国家間の戦争がこれにとって代わる。今日、両者の関係は北アイルランドの紛争などを除けばすこぶる友好的で、とくに一九六二―六五年の「第二バチカン公会議」から、カトリックはプロテスタントとの「教会一致運動（エキュメニズム）」のほか、他宗教との積極的な対話路線を打ちだしている。このような今日的状況に照らすとき、ピコやエラスムスらの先駆性が改めて評価されねばならないように思われる。

近代的自然観と現代

宗教改革が民衆の精神生活に大きな影響をおよぼしたとすれば、十七世紀に始まる自然観の転換は、われわれの物質的生活を大きく変えてゆくことになった。たしかに自然科学的発見はかならずしも実用的な目的と結びつかず、なかにはケプラーのように神秘的モチーフに駆りたてられて大発見をなしとげた自然科学者も存在したが、しかし一方、彼の同時代人ベイコンは、自然科学的発見を「技術の進歩」と結びつけるような実利的な自然観（自然支配思想）を打ちだし、技術文明の夢を描いたのである。このベイコンの夢は十八世紀のフランス啓蒙思潮において称えられ、ヨーロッパ産業文明の思想的土台となってゆく。だが今世紀に入り、技術進歩の多くが軍備開発と結びつき、福祉を増大するだけではなく人類の破滅をもたらしかねないこと、また自然開発も環境破壊やエコロジー危機を招いていることなどもあって、ベイコンの自然観には多くの異議が出されるようになっている。

ガリレイとデカルトが理念として掲げた自然の「幾何学的・機械論的」な把握は、ニュートン（一六四三—一七二七）の画期的な力学法則の発見をへて物理学の発展に多大の貢献を果たした。しかし、すでにパスカルやヴィーコによって批判されたその一面的な世界観は、今世紀に入ってもフッサール（一八五九—一九三八）やホワイトヘッド（一八六一—一九四七）らの哲学者から批判を浴びている。さらにデカルトの脳を中心とする精神論と機械論的生命観は、現在、脳死の問題、遺伝子操作の問題、さらに人間以外の動物の権利問題などが論議されるなかで再考を余儀なくされているように思われる。いずれにせよ、近代に成立したヨーロッパの自然観は、一つの大きな社会思想的テーマとなりつつあるのが現状といえよう（第七章3）。
なお、ヴィーコの学問構想に関していえば、それは十八世紀後半のヘルダー（第四章付）をへて十九世紀後半からディルタイ（一八三三―一九一一）らが着手し、現代ではガーダマー（一九〇〇―二〇〇二）らによって展開されている「精神科学論」や、トインビー（一八八九―一九七五）らが提唱した「比較文明論」、さらにはトマス・クーン（一九二二―九六）らによって一九六〇年代以降に市民権を得た「科学史」や「科学社会学」の、それぞれ先駆と呼びうるものである。

ブルクハルト『イタリア・ルネサンスの文化』（柴田治三郎訳、中公クラシックスI－II）
トレルチ『ルネサンスと宗教改革』（内田芳明訳、岩波文庫）
マキアヴェリ『君主論』（黒田正利訳、岩波文庫。池田廉訳、中公文庫）／『ディスコルシ――「ローマ史」論』（永井三明訳、筑摩書房）
ピコ『人間の尊厳について』（大出哲他訳、国文社）
エラスムス『痴愚神礼讃』（渡辺一夫・二宮敬訳、中公クラシックス）／『キリスト者の君主の教育』（片山英雄訳、〈宗教改革著作集〉2、教文館）／『平和の訴え』（箕輪三郎訳、岩波文庫）／『自由意志について』（山内宣訳、〈ルター著作集〉一―7、聖文舎）
モア『ユートピア』（沢田昭夫訳、中公文庫）
カンパネッラ『太陽の都』（近藤恒一訳、岩波文庫）
モンテーニュ『エセー』（原二郎訳、一―六、岩波文庫。荒木昭三郎訳（抄訳）、中公クラシックスI－III）
ルター『キリスト教界の改善についてドイツ国民のキリスト教貴族に与う』（成瀬治訳、〈世界の名著〉23）／『教会のバビロン捕囚』（岸千年訳、聖文舎）／『キリスト者の自由』（石原謙訳、岩波文庫。塩谷饒訳、

〈世界の名著〉同）／『奴隷的意志』（山内宣訳、〈世界の名著〉同）／『現世の主権について』（吉村善夫訳、岩波文庫）／『農民戦争文書』（渡辺茂・魚住昌良訳、〈世界の名著〉同）

カルヴァン『キリスト教綱要』（渡辺信夫訳、新教出版社）／『カルヴァン』（久米あつみ編、〈人類の知的遺産〉28、講談社）

ロヨラ『イグナチウス・デ・ロヨラ』（垣花秀武編、〈人類の知的遺産〉27）

コペルニクス『天体の回転について』（矢島祐利訳、岩波文庫）

ブルーノ『無限・宇宙と諸世界について』（清水純一訳、岩波文庫）

ケプラー『新しい天文学』『世界の調和』（島村福太郎訳、〈世界大思想全集〉31、河出書房）／『宇宙の神秘』（大槻真一郎・岸本良彦訳、工作舎）／『宇宙の調和』（岸本良彦訳、工作舎）

ガリレイ『星界の報告』（山田慶児・谷泰訳、岩波文庫）／『新科学対話』（今野武雄・日田節次訳、岩波文庫）／『偽金鑑識官』（山田慶児・谷泰訳、〈世界の名著〉26）

ベイコン『学問の発達』（成田成寿訳、〈世界の名著〉25）／『ノヴム・オルガヌム』（桂寿一訳、岩波文庫）／『ニュー・アトランティス』（成田成寿訳、〈世界の名著〉同。川西進訳、岩波文庫）

デカルト『方法叙説』（谷川多佳子訳、岩波文庫。野田又夫他訳、中公クラシックス）／『省察』（山田弘明訳、ちくま学芸文庫）／『省察、情念論』（井上庄七他訳、中公クラシックス）／『哲学原理』（桂寿一訳、岩波文庫）

ド・ラ・メトリ『人間機械論』（杉捷夫訳、岩波文庫）

パスカル『パンセ』（前田陽一・由木康訳、中公文庫プレミアム。塩川徹訳、岩波文庫）

ヴィーコ『学問の方法』（上村忠夫・佐々木力訳、岩波文庫）／『新しい学』（上村忠男訳、中公文庫）／『自伝』（上村忠男訳、平凡社）

第四章　社会契約思想

十七世紀と十八世紀に展開された「社会契約説」は、まさに近代的体系としての社会思想と呼ばれるにふさわしい。社会が人間同士の契約によって成り立つという見方は、古代ギリシアのグラウコンなどにもみられたが、それは単にマイナーな一見解にすぎなかった。それに対し近代の社会契約説は、その本格的な理論内容によって、現代にいたるまで多大な影響を及ぼす一大潮流となる。人間の「平等と自由」から出発しつつ社会体制を根拠づけるという思想は、今日、民主主義の構成原理とも考えられている。しかし、その社会契約説の内容は各思想家のあいだで異なっており、それはそれぞれが前提とした人間観に起因するといってよい。本章ではそうした人間観の違いに着目しつつ、彼らの社会論をみてゆくことにする。

I　抵抗権・主権論・国際法

抵抗権理論の端緒

まず十六世紀後半に、社会契約説の前兆となる新たな政治思想が芽ばえつつあった。前章2でも触れたように、フランスで一五七二年、ユグノーとよばれるカルヴァン派の人びとが王命によって大虐殺をこうむる事件が発生した。これを契機として、それまでカルヴァンの教義にもとづき王権に服従の態度をとってきたユグノーのあいだに抵抗権理論が生まれてくる。

ひとくちに「モナルコマキ（暴君放伐論）」とよばれるこの理論は、多くのパンフレットとして現われた。そのなかでもっとも有名な「暴君に対する請求権」は、旧約聖書の十戒を引用しつつ、つぎのように抵抗権を理論化している。まず、神と国王および臣民は契約によって結ばれており、神の法に反する国王の命令には臣民が従う義務はない。つぎに、国王権も臣民との契約によって成り立っており、国王が神の法に違反した場合は、臣民のなかで力をもつ貴族がこれに抵抗しなければならない。さらに、国王と臣民との契約は正義と法の維持にもとづかねばならず、それを無視した国王は暴君として、臣民の代表機関たる身分制議会によって解任されねばならない。そして最後に、暴君が臣民を弾圧した場合、近隣の国王は弾圧された臣民のために暴君と闘うことができる。

このような抵抗権理論は、身分制を前提としている点でいまだ社会契約説とは呼びえないものの、ルターやカルヴァンの社会思想の限界をつき破る点で画期的なものであった。前章でも述べたように、これが発端となってオランダ（ネーデルランド）独立戦争やイングランドの清教徒（ピューリタン）革命、さらにアメリカの独立宣言などが生まれてゆくのである。

一方この時期には、カトリック側でも抵抗を説くようになる。フランスではモナルコマキを逆手に取るかたちで、ユグノーが王になって弾圧すれば人びとはこれに抵抗できるという理論が生まれ、スペインではマリアナやスアレスらのイエズス会士が抵抗権理論を唱えた。マリアナ（一五三六―一六二四）は、政治社会が契約によって成り立ち、この契約に違反した暴君に対する積極的抵抗権を謳って、カトリック的な人民主権論のはしりとされている。また、精緻なスコラ学を展開したスアレス（一五四八―一六一七）は、トマス的な自然法思想の伝統を創造的に継承しつつ、悪しき立法に対する抵抗の正当性を根拠づけた。ドミニコ会士ラス・カサス（一四八四―一五六六）は母国の植民地政策を批判した。

ボダンの国家主権論

十六世紀後半には、こうした抵抗権理論と対照的な国家主権論も出現する。これを提唱したのはフランスの法学者ボダン（一五三〇―九六）であり、『国家論』（一五七六）において、国家が「絶対的で永続的な権力」すなわち「主権（souveraineté）」を有するという見解を理論づけた。彼はマキアヴェリの『君主論』を理論ではなく暴君術にすぎないと批判する一方、モナルコマキを暴君よりも悪いアナーキーをもたらすものとして厳しく非難した。家族を最小単位として成り立つ国家には、神法・自然法によって家父長的な絶対権力が与えられていると考えられねばならない。それゆえ国家には、他の同意なしにすべての人びと、または個人に法を付与する権利、すなわち立法権のほか、外交、人事、最高裁判、恩赦、貨幣鋳造、課税の権利などが与えられている。法は、国家がつくった命令であるかぎりにおいて法であり、慣習だけにもとづくものは法とみなされない。宗教に関していえば、プロテスタントもカトリックも相争うことをやめ、ともに国家に奉仕するよう努めるべきであると言う。

このようなボダンの国家主権論は国家を宗教の上位に置くものであり、十七世紀に入って、リシュリュー（一五八五―一六四二）やボシュエ（一六二七―一七〇四）などの王権神授説に引きつがれてゆく一方、他方では所与の家族を単位とする考えを一掃して、ホッブズ流の社会契約にもとづく国家主権論へと変容していった。

グロティウスの国際法思想

ボダンが国家主権を根拠づけるために援用したのは神法・自然法であったが、第二章でみたように、ストア派やスコラ学が説く自然法は、本来、国家を超えた人類レベルで想定されていた。そのような自然法はこの時期にまずスアレスの万民法理論として現われ、その影響のもと、これを神の信仰を前提としない自然法として展開したのがオランダ人グロティウス（一五八三―一六四五）である。

彼は若い頃、カルヴァン派内の抗争から政紛に巻きこまれ終身刑の身となるが、脱獄に成功してフランスに亡命し、ルイ十三世の庇護のもとに大使としても活躍した。『戦争と平和の法』（一六二五）で彼は、たとえ神が存在しないとしても、自然法の実在は人間の「社会的な自然本性」によって確認できる。人間は単に個人的な利益を追求するだけでなく他者と同意しあって生きており、その社会的行為の原理をなすのが自然法なのである。こうして自然法を宇宙論的・神学的にではなく人間論的に基礎づけながら、戦争において許されることと許されないこと、平和条約、停戦、人質、降伏などについて論じてゆく。そして自衛、略奪行為への反撃、自然法に反した国家への懲罰を除く、それ以外の戦争を不当なものとみなした。彼の国際法思想は、ボダン流の国家主権論を認めたうえで国と国のありかたを規定するという性格のものであったが、人間の社会的な自然本性にもとづいて異国間の関係を基礎づけようとしたことの意義は大きく、国家主権論を乗り越える地平を切り拓いた。

グロティウスの「世俗的」な自然法思想は、その後ドイツでは大学人プーフェンドルフ（一六三二―九四）によってドイツ諸国の事情に見合うかたちで体系化されたが、イギリスでは「個としての人間」から出発するラジカルな社会契約説が在野のホッブズやロックによって展開されていった。

2 ホッブズのリヴァイアサン思想

ホッブズ（一五八八―一六七九）はオクスフォード大学に学び、F・ベイコンの秘書をつとめたりしたのち、二度めのヨーロッパ大陸旅行でユークリッド幾何学に開眼し、自然・人間・社会を演繹的に捉える体系への野心をいだく。それは後に『物体論』『人間論』『臣民論』の三部作となって現われるが、その体系はスコラ学とは著しく異なり、物体の運動が人間の精神を基礎づけ、さらに社会のありかたを基礎づけるという徹底して唯物論的なものであった。彼は一六四〇年から五年のあいだ難を逃れてパリに亡命し、そこで『リヴァイアサン』を執筆する。

人間論

自然を幾何学的・機械論的に捉えつつも、自然に対する精神の優位を謳ったデカルトとは逆に、ホッブズは人間の精神的次元を機械論的自然に従属させる考えを示した。彼によれば、人間の思考や意志活動の根底をなすのは「感覚（sense）」以外のなにものでもない。外的物体の刺激が神経その他を媒介として脳に伝わることによって、感覚は「映像（fancy）」を生みだす。その後、感覚は衰えていくが、その衰えゆく感覚をことばで表わすとき、映像は「心像（imagination）」となって人間の心に残る。思考や意志活動、さらにもろもろの情念は、この心像の継続や想起の産物とみなされねばならない。

現代の行動主義心理学における「刺激—反応」モデルを先取りするかのような感覚主義に立脚しつつ、ホッブズは人間が他の動物と違って予見能力をもち、その能力をばねとして死にいたるまで権力を求めてやまない存在であると規定した。そのうえで、人間の「自然状態（state of nature）」すなわち公権力を欠いた場合の人間の状態を、つぎのように描きだす。人間の諸能力は生まれつき平等であるが、それは人びとに幸福をもたらしはしない。能力が平等なゆえに二人が同一のものを求めて競争しあい、それを同時に享受できなければ相互不信が生まれ、たがいに敵となって争いが起こる。さらに栄誉を望むために、ささいなことでもいさかいが生ずる。結局、人間の自然状態は、「万人の万人に対する闘い（bellum omnium contra omnes）」なのである。この場合、実際に戦闘行為に入っていなくとも、争おうという意志が十分に示されればそれだけで戦闘状態とみなされ、平和のみならず、正義もそこには存在しない。

このようにホッブズの想定する人間は、アリストテレスの「ゾーン・ポリティコン」とまさに正反対の徹底して反社会（反共同体）的な存在者であった。では、この自然状態＝戦争状態から逃れる途はどのように切り拓かれるであろうか。彼はそのために、死への恐怖や快適な生活への情念のほか、理性の戒律（precept）としての「自然法（laws of nature）」をあげる。

自然法思想

自然法は神学的・宇宙論的な背景をもたない理性の示唆ではあるが、グロティウスとは違って人間の社会的な自然本性を認めないホッブズは、自然法を反社会的な人間への一方的命令として考案せざるをえない。各自が自らの生存（自己保存）のために「なんでも思うままに行使しうる自由」を「自然権（right of nature）」とすれば、これを制限する方向で自然法を導入してゆくのである。

その内容は、まず第一に「平和を求め、それに従え。そして可能なあらゆる方法によって、自分自身を守れ」というものであり、第二に「平和のため、また自己防衛のために必要と考えられるかぎり、人は他の人びとが同意するという条件で自然権を放棄ないし譲渡すべし」である。この第二の自然法には、すでに彼の社会契約思想がふくまれている。すなわち、平和と自己防衛のための自然権の譲渡は身分関係にはいっさいもとづかず、どこまでも人間の平等を前提とした相互の合意のうえに成り立っている。そしてこの自然法は、「結ばれた契約（信約）は履行すべし」という第三の自然法によって支えられる。自然状態では意味をなさなかった正義と不正が、このレベルではじめて語られるが、それは契約の履行と不履行である。正義とは、人間の自己保存の維持＝平和のための約束ごと（契約）の次元で論じられるテーマであって、それ以外のなにものでもない。この考えが、人間の徳性や「共通善」思想にもとづいたアリストテレス・トマス流の正義論とは、いかに大きく異なっているか言うまでもないであろう。

なおホッブズは全部で計一九の自然法をあげ、それらの共通性を「自分がしてほしくないことを、他人にもするな」という標語で言い表わす。そしてこの自然法についての学問を「道徳哲学（moral philosophy）」と呼ぶ。

コモン・ウェルスの設立

しかしホッブズは、この自然法を人間が守れるとは信じなかった。根本的に性悪説をとる彼にとって、もし守らなかった場合、それをきびしく処罰するような強い公権力があってはじめて自然法は遵守されるのである。その公権力は、第二の自然法のような人びとの相互契約として設立されねばならない。「私は自らを統治する権利を、この人間または人間の合議体（assembly）に、あなたもあなたの権利を譲渡しこの活動を承認することを前提として、譲渡する」と。この相互契約が実現され、多くの人びとが一個の人格に統合されたとき、コモン・ウェルス（国家）が誕生するが、ホッブズはそれを、永遠不滅の神のもとにあって平和と防衛を人間に保障する地上の神、「リヴァイアサン」と名づけた。

このリヴァイアサンには主権が与えられ、人びとは相互契約を結んでからは、臣民として主権者たるコモン・ウェルスに従わなければならない。コモン・ウェルスの形態としては、一人の人間が主権をもつ「君主制」、国民全体により構成される合議体が主権をもつ「民主制」、指名などによって選ばれた特定の人びとによって構成された合議体が主権をもつ「貴族制」の、いずれもが可能である。とはいえ、主権者が強力であればあるほど望ましく、逆に絶対権力が不足したり、私的学説や私人が行為の善し悪しの判断規準となったりした場合、コモン・ウェルスの解体が起こる。彼にとって民主制が望ましい体制でなかったことは明白であり、実際に君主制だけを特に取り上げてその長所を論じてもいる。そしてこのコモン・ウェルスもまた徹底して機械論的に捉えられていた。

消極的抵抗権

臣民は、主権者たるコモン・ウェルスの命令に従わねばならないが、例外も存在する。そもそもコモン・ウェルスの存在理由は、人びとの至高の価値たる生存権（自己保存権）を保障するためであったから、主権者がもし臣民に自殺を命じたり、自分を傷つけ不具にしたり、攻撃を加えた者に抵抗しないよう命じたり、食物・空気・薬など生きるために必要なものを採ることを禁じたりしても、臣民はそれに従わない自由をもつ。臣民が犯罪について主権者によって審問されたとしても、赦免の保証なしには自白を強要されないし、ことばによって自分自身や他人を殺すような命令にも拘束されない。さらに重要なのは、臣民は自発的に参加する場合をのぞいて徴兵を拒否でき、戦中にあっても、裏切りからではなく死の恐怖からであれば逃亡も黙認される。ホッブズにとって「お国のために死ぬ」という考え方は、国家がそもそも人間の自己保存を守るためにある以上、倒錯した考え方なのである。

しかし臣民の、国家に対して許される抵抗権はここまでである。そして抵抗権が「自己保存」という至上価値に照らしてのみ可能とされるところにリヴァイアサン思想の限界があった。臣民は、それ以外のものを根拠として国家を批判することは許されないし、表現の自由も学問の自由も持ちえない。善悪についての判断はすべて主権者が定めるものであり、良心も法によって導かれる。私的な学説や個人の良心が幅をきかせては、人びとの平和が脅かされると考えたのである。

こうして彼は、平等な個人の相互契約というきわめて近代的な地平から出発しながら、結果としては個人が国家権力に従属する社会体制を理想視してしまった。このような体制における平和は「墓場の平和」でしかないだろう。主権がそもそも国家にあるのではなく国民にあるという考えは、つぎのロックを待たねばならなかったのである。

ところで、ホッブズが生きた当時のイギリスは、一六四二年の清教徒革命に始まり、チャールズ一世の処刑と共和国政権の樹立、クロムウェル（一五九九―一六五八）の護国卿就任などをへて、一六六〇年の王政復古まで長い動乱の時代がつづいた。ホッブズの思想は王党派からも清教徒側からも危険視され、彼も晩年には『ビヒモス』を著わして、その動乱の時代の醜さを描いている。しかし他方、この時代には、大詩人ミルトン（一六〇八―七四）が『アレオパジティカ』によって清教徒革命を支持し、ハリントン（一六一一―七七）が『オセアナ共和国』を著わして、現実社会の分析にもとづいて共和体制への移行の必然性を論じたりした。そして王政復古の時代にふたたび王権神授説が支配者によって持ちだされたとき、独自の人間論に裏づけられた社会契約論によってこれに対抗したのがロックである。

3　ロックのリベラリズム思想

ロック（一六三二―一七〇四）はピューリタンの家に生まれ、ホッブズ同様オクスフォード大学に学んで道徳哲学と医学を修めた。ホイッグ党の領袖アシュリィ・クーパー（のち初代シャフツベリ伯　一六二一―八三）と知りあい、家庭教師として迎え入れられ、また彼の助言者ともなった。シャフツベリ伯がトーリー党に追われてオランダに亡命して客死した後、一六八三年にロックも亡命、名誉革命の成功後の八九年、王女メアリーとともにイギリスに帰国して名声を博した。彼の業績は、哲学、政治理論、教育理論などさまざまな領域に及んでいるが、その思想的核心をひとことで言い表わすならば「リベラリズム（自由主義・寛容主義）」と呼ぶことができる。

人間形成論

ロックのリベラリズムの基盤をなす人間論は、『人間悟性論』(出版一六八九)に述べられている。経験科学の基礎論としても、また道徳哲学の基礎論としても読むことのできるこの書において、彼は人間の心の最初の状態を、なにも書き記されていない「白紙(タブラ・ラサ)」とみなし、その白紙に感覚を通していろいろな「観念(アイディア)」が刻みこまれることによって、人間の知識が生まれ、成長してゆくという知識論を展開する。良心や悪の意識のような道徳原理も、神のような宗教的観念も人間は生まれつき持ってはおらず、それらはすべて後天的に心の中で形成されたものと考えられねばならない。したがって性善説も性悪説も意味をもたない。成長する過程ではじめて、刻みこまれた諸観念を内省する能力が生じ、それによって複雑な観念をもちいて思考したり、自分の行為をコントロールできるようになっていくのである。

ホッブズとは違って、人間が後天的に自己をコントロールできる存在者になるというロックの人間論は、また『教育論』(一六九三)によって補完されている。内省能力をわがものとしてゆく過程は、ひとりでに育まれるというより大人の教育の助けを借りて可能になるのである。彼の教育論は子供の自主性を尊重しながらも、健康管理術や習慣づけ、作法等々、さまざまなしつけの大切さを詳細に論じ一人で海外旅行ができるような段階で大人への教育は完成すると結論づけている。

家父長的政治の批判

ロックにとって政治は、子供ではなく大人になった人間を対象に論じらるべきものである。彼はまず

『統治二論』（出版一六八九）第一部で、当時の王党派がよりどころとしたフィルマー（一五八九―一六五三）の『父権論』を内在的に批判してゆく。フィルマーは旧約聖書をもとにして、神がアダムに与えた家父長権こそ国王権の根拠であり、国王権に反対することは神にそむく行為だとして、王権神授説を唱えていた。それに対して、アダムが神から政治権力を与えられたなどと聖書のどこにも記されてはいないと論駁する。そして第二部で、父の子に対する、主人の僕《しもべ》に対する、夫の妻に対する関係と、政治権力とは異質であり、政治権力は公共の福祉のために人民の同意にもとづいてつくられるものと明言する。父権や親権はそもそも子供の教育という次元でのみ当てはまる一時的な支配権にすぎず、子供が大人になるとともに消失するものである。政治の主体が自己を律する意志と思考をもった大人である以上、家父長主義的な政治論は断固として拒否されねばならない。

自然権としての所有権

『統治二論』の第二部には「市民政府の起源、範囲および目的に関する小論」という標題が付されている。ロックはそこでホッブズ同様、いっさいの公権力を欠いた人間の自然状態から論を始める。彼によれば人間の自然状態は、他人の許可や意志に依存することなく、「自然法の範囲内で自分が適当と思うままに自らの行為を律し、自らの所有物と身体を処理できる」自由な状態にほかならない。しかしそれは放縦な状態（state of license）を意味しない。人間は理性の命ずる自然法によって拘束されており、他人の権利を侵害せず、平和と全人類の安全を願うよう定められている。もし自然法を犯す者がいれば、その者を自然法にもとづいて処罰する権力を各自が持っているのである。

人間の自然状態をこのように想定しつつ、ロックは重要な自然権として「所有権（property）」をあげる。それは「生命、自由そして財産に対する人間の権利」を言い表している。財産は、人間が神から与えられた土地を最大限に活用しつつ、自らの労働を投下して得られた神聖なものであり、いかなる者もそれを犯すことは許されない。この自然権としての所有権という思想は、他の社会契約説にはみられないロック独特のものであり、労働価値説の先駆をなすものであった。ロック自身はこの思想を自らのピューリタン信仰によって根拠づけ、自然状態を独立以前のアメリカをモデルにして考えていたといわれている。

政治（市民）社会の創設

だが、人間の自然状態においては、労働によって得られた財産を十分に享受することができない。というのも自然状態には、紛争を裁定する共通の尺度としての実定法、紛争解決にあたる裁判官、裁判の判決を執行する権力とが欠けているからである。そこで財産をめぐる紛争を収拾するために、ロックはつぎのような提案を行なう。個人は「自分が適切と思うすべてのことをなしうる権力」と、「自然法を犯した人間を処罰する権力」とを完全に放棄し、それを共同社会の手にゆだねなければならない。そのことに同意しあうとき「政治（市民）社会」が設立され、各自の所有権は十分に保障されるようになる。こうして彼は、所有権という自然権を保持するために、人民の同意（原始契約）にもとづく政治（市民）社会の創設という論理を打ちだした。人びとはこのとき自然状態を脱して市民となり、こんどは多数決の原理に従って、政治（市民）社会の統治形態（government）を定めていかねばならない。

統治形態論

統治形態のなかで最高の権力をもつのは「立法部」である。ロックは市民と立法部との関係を「信託(trust)」とよぶ。市民の信託によって成り立つ立法部の立法権は、市民の権力を一つに集め、集約したものであり、それによってつくられる実定法の内容は自然法によって拘束される。実定法の目的は、なによりも人民の自由・生命・財産の保障にあるという原理は、つねに貫徹されねばならないのである。この立法権のもとに、「執行(行政)権」と「連合(外交)権」を置くが、これらは自然法のみならず立法権の拘束を受ける。また執行(行政)部には、立法部を召集し解散させる権力が与えられるが、それは立法部がつねに活動する必要がないのに対し、執行(行政)部はつねに活動しなければならないという便宜上の理由にもとづいている。

彼がここで、立法部を具体的にイギリス議会のイメージで捉えていたことは言うまでもなく、今日の議会制民主主義の原型を呈示している。さらに、もしこれらの統治権力が市民を不当に弾圧し、市民が他に抵抗しうる手段がない場合、「天に訴えて」これを打倒できるという革命権ないし積極的抵抗権をも認めた。この思想は、モナルコマキの伝統にもつながるが、統治権力の基礎が人間と人間の合意におかれている点で、その論拠は異なっている。

寛容論

ロック自身ピューリタンに属していたが、神中心主義的なカルヴィニズムとは対照的に、彼の思想は人間中心的なものであった。一六八九年には『寛容に関する書簡』を著わし、宗派間の、また統治者の各宗派への寛容を強く訴える。キリスト教の本質は全人類に対する慈悲と謙譲と善意にこそあり、聖書にもとづくかぎりキリスト教には異端も分裂も存在しえない。それゆえ、各宗派は他の宗派に対し寛容であることが望まれるし、教会が人びとの自発的結社である以上、教会から自分の意志で脱会する人に制裁をくわえるようなことがあってはならない。そして為政者は、個人の魂の救済という宗教的問題にはいっさい関与できず、それゆえ、どの宗派も公認しなければならない。国家と宗教は、たがいに異なる次元に属しているからである。

とはいえ、ここで寛容の対象からカトリックと無神論者は除外されている。カトリックは国家以上にローマ教会に対して忠誠を誓い、無神論は政治社会の基盤である同意や信託を破壊する危険をもっているからである。ここにプロテスタントのイギリス人としての限界をみることもできようが、しかしカルヴィニズムの非寛容思想や神権政治の理想を打破し、政教分離の論理を明確に説いた点で、ロックの寛容論は画期的なものであった。リベラリズムは、自由主義のほかに異質なものへの寛容主義をも意味しており、十八世紀フランスの啓蒙思想家に大きな影響を与えてゆく。

4　十八世紀フランスのリベラリズム

十八世紀のフランスは、一方でブルボン王朝を支える王権神授説を生み、他方ではそれに対抗する啓蒙思想、とくにロックから多くの影響を受けたモンテスキューやヴォルテールを輩出した。

モンテスキュー

モンテスキュー（一六八九―一七五五）は、ボルドーの高等法院副長官をつとめたが、一七二一年に外国人の目を通してフランスのありさまを批判的に描いた『ペルシア人の手紙』を著わして一躍有名になり、パリのアカデミー・フランセーズの会員として活躍した。また歴史を動かす原因を冷静に考察した『ローマ帝国盛衰原因論』（一七三四）、代表作に『法の精神』（一七四八）がある。

二〇年かけて執筆されたといわれる『法の精神』は、世界各国からの膨大な情報にもとづいて記された包括的な社会制度論である。この書では、一般的な意味での法を「事物の本性に由来する必然的な関係」と定義する。法には自然法と実定法があるが、基本的に社会契約論の発想を採らないモンテスキューにとって重要なのは、実定法を、風土の自然条件、気候、位置、大きさ、住民の宗教、風俗、習慣などとの連関で考察することであった。法はまたそれをつくった統治形態と密接に関係しているが、その統治形態の土台をなすのも、そうした諸条件から生まれてくる国民の一般的精神とみなければならない。このように、ヴィーコにも似た文化主義的・歴史主義的な視点から独自の法論を展開し、まさに今日の法社会学ないし比較法論の先駆的業績をなしとげた。

また、この書には穏健なリベラリズム思想も打ちだされている。政治的自由とは望むことをなすことではなく、「望むべきことをなしえ、望むべきでないことをなすべく決して強要されないこと」とやや消極的に定義しているが、このような意味での政治的自由は、権力が乱用されることのない穏和な統治形態においてのみ可能である。彼はロックの政治論や当時のイギリスの政治状況からヒントを得て、立法・行政・司法の三権分立を唱えた。三権分立していないところ権力の乱用は必至であり、政治的自由も保障されないからである。こうした彼の考えの背後には、国王の権力乱用に抗して自らが属する貴族の利益を守るというモチーフがあったともいわれているが、ロックの政治論をより発展させた三権分立論として高い評価を受けることになった。

ヴォルテール

モンテスキューがたぶんに貴族的なリベラリストだったとすれば、アンシャン・レジームに対し率先して闘った急進的なリベラリストがヴォルテール（本名アルエ　一六九四―一七七八）である。若いころ事件を起こして三年ほどイギリスで亡命生活をおくった彼は、イギリス礼讃論者となって帰国、「破廉恥漢を粉砕せよ」というモットーを掲げて既存の体制を支える政治家やカトリック教会と徹底的に対決する姿勢をつらぬいた。内容的にみるとデカルトやパスカルなど自国の思想家を批判し、ベイコン、ニュートン、ロックなどを一方的に称えた彼の思想には、あまり独創的なものはみられない。だが思想史的にみて面目躍如たるのは、彼が宗教的偏見と狂信によって起こったカラス事件やラ・バール事件に対して、人権擁護のために毅然として闘った勇気ある行動である。「君の思想は間違っていると僕は思う。しかし、もし君の思想が政治的に弾圧されたならば、僕は君のために断固として闘う」と後に彼に対して与えられたことばは、まさに政治的寛容の本質を的確に言い表している。

しかし彼らとほぼ同時代に、彼らとは異質の、そしてより強いインパクトを後世に与える思想家が登場した。ジャン・ジャック・ルソーである。

5　ルソーの近代文明批判と直接民主主義思想

モンテスキューは穏健なリベラリストであったが社会契約説の発想は採らず、ヴォルテールの戦闘的リベラリズムはロックに多くを負っていたものの、人民による新しい社会創設の論理を欠いて、どこまでも一知識人の活動の論理にとどまっていた。そして、ヴォルテールより少し若い世代のディドロ（一七一三―八四）らの百科全書派も、ロックを超えた社会論を展開してはいない。それに対しルソーは、近代文明批判のモチーフともからんだ、ホッブズはもとよりロックとも大きく異なる社会論を示した。フランスにおける社会契約説は、彼によってはじめて独創的な展開をみせるのである。

ルソー（一七一二―七八）は、カルヴィニズムの神権政治の名ごりをとどめるジュネーヴに生まれ、十六歳のときから放浪生活に入り、音楽の教師などをしながら、まったくの独学で思想を育んでいった。その彼が一七五〇年、ディジョン・アカデミーの懸賞に一位当選して一躍その名を知られるようになった論文は『学問芸術論』として出版され、その後も『人間不平等起原論』『社会契約論』『エミール』などの思想書のほか、『新エロイーズ』『告白』などの文学作品、多くの音楽作品も残している。

自然状態から文明社会へ

ルソーは右の処女作において、ルネサンス以来の学問・芸術の振興は人びとの道徳の進歩に寄与するどころか、それを腐敗させたという趣旨のテーゼを打ちだし、大胆に近代文明批判の口火を切った。そしてつづく『人間不平等起原論』（一七五五）では、人間の自然状態をいまだ文明が発生していない未開の状態と規定する。ルソーにとって想定されうる自然状態とは、なによりも文明社会を批判する規準を提供しうるものでなければならず、ホッブズのように現在の文明人を投影してつくられた自然状態は、自然状態の名に値しないものである。未開状態での人間すなわち自然人は、無知で、ことばも話さないが、悪しき情念をもたず、「自己愛と、憐憫（pitié）」の情、すなわち他人の痛みを自らの痛みとして感じとれる能力とによって暮らしている。この二つの基本感情に支配されているかぎり、いさかいも起こらず、男女の愛も自然の衝動に従って万事が調和していた。

しかし人間には、他の動物と違って「無限に自己を完成させてゆく能力（perfectibilité）」が備わっている。そのため言語を使って多くの知識を獲得するにつれて、自然人が持っていた感情や調和を失い、他人を評価し差別しはじめる。また、さまざまな技術の発明は人びとの暮らしを大きく変え、生産力も飛躍的に高まって自然状態から文明社会への移行が生じた。その過程で決定的なのは、「土地を囲い込む者が出て土地を自分のものだと宣言し、またそれを信じるほど単純な人びとが現われた」ことである。そのとき人間の平和な自然状態は終焉し、戦火が飛びかい、主人と奴隷とに分かたれた文明だけの世の中と化した。

こうしてルソーは、自然状態から文明社会への移行を堕落の歴史として描きだす。ロックが私有財産を労働によって得られた神聖不可侵な自然権としたのとは逆に、私有財産を人間の平等と平和を破壊する最大の元凶とみて断罪した。

『社会契約論』

『人間不平等起原論』はこのような仮借ない文明批判にもかかわらず、悪しき文明社会から人間がどのように脱却できるかをまったく示さなかったため、ヴォルテールからは「あなたの書を読むと、よつんばいで歩きたくなる」と皮肉られたりした。ルソーはこれらの批判に応えるため、新たな社会論の構想にとりかかる。たしかに自然人を理想的に描いたけれども、彼はその自然人に戻れるとも、戻るべきとも考えなかった。大切なのは、自然人が持っていたような感情を内に回復しうるような新たな社会秩序であり、その論理は一七六二年に『社会契約論』で打ちだされる。

この書でルソーは、所与の社会関係から出発して既存の制度を正当化するような社会論をきびしく批判し、社会秩序の正当性はすべて人民の「合意(convention)」から来ることを宣言する。もし社会秩序が人民を拘束しうるとすれば、それはただ人民の合意にもとづくからにほかならない。そう考えることによってはじめて人間間の不平等が撤廃され、自由で平等な関係をつくることができるのである。

一般意志と人民主権論

ルソーの社会契約説は、「一般意志(volonté générale)」という概念を導入して社会秩序の正当性を論ずるところに最大の特徴をもっている。一般意志とは、「つねに公的利益のみをめざす共同体の意志」であり、一つの共同体の自我、すなわち道徳的意味で「われわれ」とよびうる公的人格である。この一般意志は、私的な利益を追求する「特殊意志」はもとより、特殊意志の単なる総和にすぎない「全体意志(volonté de tous)」とも峻別されねばならない。人間は自然的な自由を捨て、この主権者たる一般意志に参加しその決定に従うというかたちで、社会的・道徳的自由を獲得する。そのさい、人民は一般意志に参加して法をつくる主体としては「市民（citoyen）」、一般意志がつくった法に従う客体としては「臣民（sujet）」と呼ばれる。

一般意志の発動としての主権は決して分割されず、そこでロックやモンテスキュー流の権力分立論は拒否された。彼はイギリスの代議制を批判し、「イギリス人は自分が自由だと思っているが、自由なのは投票の瞬間だけであって、その後はふたたび奴隷の状態となる」と皮肉っている。したがって国の統治形態も、人民集会からなる立法部に至高の権力が与えられ、法を執行する権力（政府）は、立法部に完全に従属するのでなければならない。政府は、臣民と主権者の相互連絡をはかる中間団体にすぎず、政府の首長や役人の任命権、更迭権はすべて人民の手にゆだねられることになる。こうした体制は明らかに人民主権にもとづく直接民主主義と呼びうるものである。しかしこの体制は、古代ギリシアのポリスのような小規模の都市国家でなければ実現困難であることをルソー自身、はっきり認めていた。

市民の徳性と宗教

くり返していうと、一般意志とは、あくまでも公の利益をめざすかぎりでそう呼ばれる概念である。それゆえ彼は、一般意志の主体たる市民が自らの感性・意識・能力をみがくことを重視した。市民が利己的であるところでは一般意志が育たず、ただ特殊意志ないし全体意志がみられるだけである。市民が絶えず自己の利益と他者の利益を調停して共通の利益をつくりだしてこそ、一般意志は可能となる。プラトンにおいては少数のエリートのみに要求された徳性を、ルソーはすべての市民に要求する。一般意志という概念によって、プラトンにはなかった平等と正義の統合を夢みたといってもよいだろう。だが、その夢を実現するために、彼はさらに「市民宗教（religion civile）」の必要までを説いた。それは市民の社会的義務感をみがくための超宗派的宗教であり、市民である以上すべての人間になかば強要され、それを信じない者は都市国家から追放できるとまで言いきっている。この点でルソーは明らかにロックよりも非寛容であった。

ところでルソーは『社会契約論』の末尾で、自分が手がけられなかった課題として国際秩序の論理づけ（国際関係論）をあげている。すでにサン＝ピエール神父（一六五八―一七四三）のヨーロッパ連合論について論評するなど意欲的な姿勢を示していたが、彼は結局十分な論理を提起せずに終わった。その課題をいわば引きついだのがカントであり、スピノザやライプニッツとともに彼の国際平和論をつぎに取り上げてみたい。

6　スピノザ、ライプニッツ、カントの平和思想

ポスト・デカルトの一大体系を築いたヨーロッパ大陸の哲学者――スピノザ、ライプニッツ、カントの社会思想を、とくに平和論に焦点を合わせて考えてみたい。

スピノザの「人間‐社会」論

ロックと同じ年に生まれ、オランダで短い生涯をおくったユダヤ人のスピノザ（一六三二―七七）は、

マキアヴェリとホッブズのリアルな政治論から影響を受けつつ、それを独自の形而上学的人間論で乗り越えようとした。大著『エチカ』と未完の作品『国家論』によれば、人間は「受動感情」に支配されているかぎり欲望の虜《とりこ》となり、人間相互の関係も敵対と憎悪に支配される。人はこの現実を直視しなければならないが、しかし自分をふくめた万物を「神＝自然の永遠の相」において捉える十全な認識にめざめたとき、人間は自由を獲得することができる。したがって人間の自然状態も、受動感情に従属している場合と、十全な認識にめざめ、その状態を保持しようと努めている場合とでは、大きくその様相が変わってくるのである。ホッブズの自然状態論は前者の場合であって、それは半面の真理にすぎない。

　スピノザによれば、このような自然状態における恐怖や不幸を排除し、理性によって導かれる人間が自然状態ではなしえなかったことを実現するために、国家は創設される。国家の目的は人びとの生活の平和と安全であるが、その平和とは、ホッブズのように単なる戦争のない状態を意味しない。平和とは「精神の力から生ずる徳」であり、国民の無気力にもとづく国家は、国家というより荒野とよばれてしかるべきである。こうしてユートピア的国家論を退けるとともに、ホッブズのリヴァイアサン思想に対抗しうるようなリアルで、かつ理想主義的な「人間‐社会」論と平和論を打ちだした。それは動乱期のオランダに生きた彼の信念がなせる業《わざ》であったともいえよう。

ライプニッツの汎ヨーロッパ的平和思想

　スピノザと並び、デカルトを超えるべく大きな思索の跡を残したドイツの哲学者ライプニッツ（一六四六―一七一六）は、ボダンやホッブズの国家主権論に抗して国家を超えたヨーロッパの統合と、プロテスタントとカトリックの教会一致を熱心に唱える思想家であり、また外交官でもあった。とりわけ、ホッブズが『臣民論』で真の宗教は国家が定めたものと述べたことに対し、それは真の宗教をゆがめるもので、国家主権論はギリシアのソフィストにみられた強者の正義論と同じだと強く非難した。ライプニッツにとって、真の宗教や正義は統治者が設定するものではなく、統治に先だって存在する「永遠法」に由来している。人間の正義のみならず神の正義もこの永遠法の支配下にあって、平和（調和）を保っているのが真の現世の姿なのである。

こうした考えを、彼は「モナドロジー（単子論）」という形而上学によって詳細に根拠づけてゆく。この世のいっさいのリアリティは「モナド」とよばれる活力からなり、それは他と代替不可能な個体を形成しつつ、たがいに調和しあうことによって現世の秩序は成り立つ。したがってまた、ヨーロッパの国国は、それぞれの差異（多性）を認めあいながら統一に向かわねばならない。ライプニッツは、スピノザと違って社会契約説にはくみせず、中世のダンテを思わせるような帝政の出現を望んでいた。そして、たがいに無意味な抗争をくり返しているキリスト教に対しても、一つの普遍的教会のもとに結集するよう強く主張した。この汎ヨーロッパ的なキリスト教的普遍思想は、近代から中世へ戻るような印象を与えるが、独自の個体論に裏づけられた彼の平和思想は十九世紀以降の国民国家論に対するアンチテーゼとなり、現代の「ヨーロッパ共通の家」に受けつがれるべきヴィジョンをも提供している。

カントの永久平和論

近代哲学は、カント（一七二四―一八〇四）の三大理性批判によって頂点に達したといってよい。そのカントにとって社会思想はむしろマイナーな領域に属するが、国民レベルを超えた「世界市民（公民）」の理念と、あるべき国際関係を具体的に呈示することによって、社会思想史にも不朽の業績を残した。一七九五年に発表された『永久平和論』でカントが掲げた、国際平和のための予備条項（必要条件）と十分条件はつぎのようなものである。予備条項としては、(1)将来、戦争の原因となるような要素を残して結ばれた平和条約は無効である、(2)独立国家はいかなる手段によっても他国に取得されえない、(3)常備軍は時とともに全廃さるべきこと、(4)いかなる国債も国家の対外紛争に関して発行されてはならない、(5)いかなる国家も他国に力をもちいて干渉してはならない、(6)いかなる国家も戦争中に相互信頼の修復を不可能にするような敵対行為を行なってはならない。つぎに平和の確認条項（十分条件）は、(1)各国家の社会体制は「共和制」であるべきである、(2)国際法（Völkerrecht）は、自由な諸国家の連邦制（Föderalismus）に基礎を置くべきである、(3)世界市民（公民）法（Weltbürgerrecht）は、恒常的な「友好（Hospitalität）」によって定められるべきである。

このカントの提案は、グロティウス、ライプニッツ、サン＝ピエール神父、ルソーらの問題関心を引きつぎ、当時主張されていた戦争の権利を明確に否定して国家を超えた連邦制を説く点において、まさに十八世紀の最後を飾るにふさわしい理想主義的ヴィジョンであった。そしてカントは、どのような利己的民族も戦争の痛手にこりて、おのずと国家連邦へ進むようになるとの希望的見通しを唱えていたが、十九世紀から二十世紀前半にかけてヨーロッパは、これを裏切るかのように国家同士の抗争をくり返してゆく。

付　ヘルダーの民族多元主義

カントの同時代人かつ同郷人でありながら、ヘルダー（一七四四―一八〇三）はカントの普遍主義とは対照的な民族多元主義を唱えた。彼は言語と理念の一体化を説くハーマン（一七三〇―八八）の影響を受け、ライプニッツの単子論（モナドロジー）を「民族や国民の個性」の主張というかたちで展開してゆく。ヘルダーによれば抽象的な人間性という理念ほどむなしいものはない。人間はすべて彼が属する民族の個性によって刻印づけられて存在し、またそれぞれの民族の歴史や文化は、普遍史や文化一般の発展には決して解消されない独自の重みをもっている。したがって重要なのは、民族の一員としての人間性と、民族文化や民族の歴史の独自性を人びとが自覚し、相互に確認しあうことである。

こうしたヘルダーの「人間‐社会」論は、社会契約論的な普遍主義に対するアンチテーゼとなるものであった。しかし、この民族多元主義を決して十九世紀に起こった政治的ナショナリズムの意味で唱えていたのではない。むしろ政治的なものを嫌悪し、文化的な意味での民族の自覚とその多元的調和が彼の主張であった。

なお、十九世紀前半のドイツ観念論では、しだいに反ナポレオンの国民主義が色濃くなってゆくが、そうしたなかでW・フンボルト（一七六七―一八三五）とシュライエルマッハー（一七六八―一八三四）がヘルダーの多元性を重んずる思想家であったことを指摘しておこう。

ホッブズに始まり、ロック、ルソー、スピノザ、カントとつづく社会契約説は、身分関係を前提とせず、平等な人間同士の相互契約にもとづいて社会体制を根拠づけてゆくという点で画期的なものであった。彼らにおいて民主主義ということばはいまだ積極的な意味をもってはいない。しかしそれは、衆愚的とは違った意味での民主主義的な社会構成原理を体系的に示す試みであったといえる。

社会契約説は、アリストテレス・トマス的伝統のように「ゾーン・ポリティコン」としての人間観や目的論的な自然観を採らず、公権力を欠いた「非目的論的」な自然状態での人間から出発して、その自然状態から脱けでるかたちで人びと（人民）が社会体制を設立するという発想をとる。だが、社会契約論者が出発点とした「自然－人間」観は一様でなかった。それらをここで差異化してみるならば、ホッブズの場合は機械論的、ロックの場合は原子論的、ルソーの場合は原始論的、スピノザの場合は形而上学的、カントの場合は準機械論的、とそれぞれ呼べるかもしれない。それぞれの「人間（市民ないし臣民）社会」観の違いはこれまでみてきたので、つぎにそうした「自然－人間－社会」観の違いに由来する各思想家の現代性を追っていこう。

ホッブズと現代

ホッブズのリヴァイアサンとしてのコモン・ウェルスは、消極的抵抗権を除けば、社会契約説のなかでもっとも民主主義的要素の乏しい体制といえる。しかし、「万人の万人に対する闘い」を逃れるために、強い公権力を要請するという図式は今日でも決して色あせていない。ホッブズは人間の自然状態を、人が睡眠をとるときにドアに鍵をかけたり、自分の家の中ですら金庫に鍵をかけたりすること、しかも権利侵害されたら法に訴えることができる場合ですら、そうするという例をあげて説明している。この例が示すように、たとえば犯罪者が続出して身に危険を感じながら、それを取り締まる公権力（警察力）が脆弱な場合、人びとが一致して権力の強化を求めるという、なまなましい場面を考えてみればよい。また「政治的無秩序（アナーキー）」が人びとを不安に駆りたて、なかば独裁的な政治権力を要請するというパターンも、よくみられる現象である。公権力が存在しないところでこそ人間関係はうまくゆくというアナキーズム（次章3）とまさに対極をなすこのホッブズの思想は、人間と社会の一つの局面を鋭く指摘しており、それをどう受けとめ、どう乗り越えるかは現代人に課せられた大きな問題といえよう。

ロックと現代

社会契約論者のなかでロックはもっとも大きな社会的影響を及ぼした。アメリカの「独立宣言」（一七七六）やフランスの「人権宣言」（一七八九）の支柱となったほか、彼の思想は今日の議会制民主主義のおおよその理論的基盤を提供している。

そのロックはしばしば社会主義者から、ブルジョア民主主義の代弁者と批判されてきた。たしかに、もっぱら国王や封建勢力との対決を考えていた彼は、「資産階級（ブルジョア）vs無産階級（プロレタリアート）」というその後に生じた対立関係をまったく予想できなかったし、理性的で勤勉な人間が労働によって財産をつくるという状態を、超歴史的に普遍化して考えていた点で限界をもっていた。労働によって得られた神聖な私有財産に国家が税金を課すことが、自然法に反するなどという考えは、確かに時代遅れであろう。とはいえ、あらゆる公権力ないし社会制度に対して「個人の優位」を謳うロックのリベラリズムは、結果として個が公権力に従属してしまうホッブズや、その危険性を完全に払拭しきれていないルソーにはない強みをもっている。とくに、個人の自由を軽視した社会主義のたどった今日的命運はそのことを思い知らせる。なお、ロックの「自然権としての所有権」という発想に多くを負っている現代思想家としては、「最小国家（minimal state）」の理想（ユートピア）を説くアメリカの政治哲学者ノージック（一九三八—二〇〇二）があげられよう。

ルソーと現代

ルソーの社会契約論は、彼の死後、思いがけない方向で悪用された。フランス革命がとめどなく進行してゆくなかで、ロベスピエール（一七五八—九四）はルソー主義者を自任し、「一般意志」の名において恐怖政治を遂行したのである。そのため十九世紀に入ると、ヘーゲルがいちはやく一般意志概念のあいまいさを批判したほか、フランスにおいては保守派のみならず革新派からも批判された（次章2・3）。たしかに彼自身は一般意志と全体意志を峻別したにもかかわらず、この二つの違いは紙一重であって、異なる意見をどう処理するのかという問題は彼の社会理論ではほとんど論じられていない。また「市民宗教」という考えも、個の自発性にもとづかないかぎり、非寛容の論理に通じかねない要素を内包している。実際ルソーも、彼の社会理論が小さな都市国家レベルでしかうまく機能しないことを告白していた。

しかしながら、ルソーの社会思想は今日、議会制民主主義に飽きたらず、グラスルーツ（草の根）の民主主義をめざすラジカルな思想運動に大きな示唆を与えている。とりわけ「近代文明批判」をも取りこんだ彼のヴィジョンは、次章以下で取り上げる近代主義的なマルクスにはない今日的魅力をもっており、「文化としての民主主義」の可能性を考えてゆくうえでも貴重であろう。なお、彼の「自然状態」論はとくに進化思想家から攻撃の対象となった（第六章1）が、現代の文化人類学者レヴィ＝ストロース（一九〇八—二〇〇九）はこれを高く評価している。

附言すれば、ルソーが『エミール』で示した教育論は、民主主義的な人間教育の古典とも言われてきたが、この書の下巻に登場する男子とは異なる女子（ソフィー）の教育論の偏見の故に彼の思想が批判されることも多い。思想史的にみれば、ルソーにおける女性観の歪みを批判したのは、イギリスのメアリ・ウルストンクラフト（一七五九—九七）の『女性の権利の擁護』（一七九二）であり、彼女はフェミニズム思想の先駆者とみなされている。

スピノザと現代

ロックとルソーにくらべ、スピノザの社会契約説はマイナーなものに思われがちだが、他にはみられない独創的な強みもある。それは彼が人間存在の深みから自然状態を両義的に捉え、平和の概念をも「存在論的」に定義しなおしたことである。とくにポスト・フロイト的な今日の精神状況（第六・七章）にあって、スピノザの「人間‐社会」論は、ホッブズのペシミズム、ロックの理性主義、ルソーのオプティミズムに代わる新鮮な視座を提供するものといえよう。

カントと現代

カントの社会思想史における最大の功績は、国家の主権を超えた「連邦制」や国民を超えた「世界市民」という理念を導入し、理想的かつ現実的な世界平和のヴィジョンを提示した点に求められる。彼の死後、近年にいたるまでの国際関係史は、彼のヴィジョンを裏切る歴史であったと述べたが、冷戦が終焉し、不安定なグローバルの時代を迎えた今日、その平和論は改めて再評価されねばならない。とりわけ各国の常備軍の漸進的廃絶という提案は、全人類が真剣に取り組まねばならない課題となろう。

上智大学中世思想研究所編『中世思想原典集成20　近世のスコラ学』（平凡社）

ラス・カサス『インディアスの破壊についての簡潔な報告』（染田秀藤訳、岩波文庫）

グロティウス『戦争と平和の法』（一又正雄訳、酒井書店）

ホッブズ『リヴァイアサン』（水田洋訳、岩波文庫。加藤節訳、ちくま学芸文庫）／『市民論』（本田裕志訳、京都大学学術出版会）／『哲学者と法学徒との対話』（田中浩他訳、岩波文庫）

ミルトン『言論の自由』（上野精一他訳、岩波文庫）／『イギリス革命の理念　ミルトン論文集』（原田純訳編、小学館）

ロック『人間知性論』（大槻春彦訳、岩波文庫）／『教育に関する考察』（服部知文訳、岩波文庫）／『統治二論』（加藤節訳、岩波文庫）／『寛容についての手紙』（加藤節訳、岩波文庫）

モンテスキュー『ペルシア人の手紙』（井田進也訳、〈世界の名著〉34）／『ローマ人盛衰原因論』（田中治男・栗田伸子訳、岩波文庫。井上幸治訳、〈世界の名著〉同）／『法の精神』（野田良之他訳、岩波文庫。井上堯裕訳（抄訳）、〈世界の名著〉同）

ヴォルテール『哲学書簡』（林達夫訳、岩波文庫。中川信訳、中公クラシックス）／『哲学辞典』（高橋安光訳、中公クラシックス）／『寛容論』（中川信訳、中公文庫）

ルソー『学問芸術論』（前川貞次郎訳、岩波文庫。平岡昇訳、〈世界の名著〉36）／『人間不平等起原論』（本田喜代治・平岡昇訳、岩波文庫。中山元訳、光文社古典新訳文庫）／『社会契約論』（桑原武夫・前川貞次郎訳、岩波文庫。中山元訳、光文社古典新訳文庫）／『人間不平等起原論・社会契約論』（小林善彦・井上幸治訳、中公クラシックス）／『ルソー・コレクション　文明』（川出良枝選、山路昭他訳、白水社）／『ルソー・コレクション　政治』（川出良枝選、遅塚忠躬訳、白水社）

ウルストンクラフト『女性の権利の擁護』（白井堯子訳、未来社）

スピノザ『神学・政治論』（畠中尚志訳、岩波文庫。吉田量彦訳、光文社古典新訳文庫）／『エチカ』（畠中尚志訳、岩波文庫。工藤喜作・斎藤博訳、中公クラシックス）／『国家論』（畠中尚志訳、岩波文庫）

ライプニッツ『モナドロジー　他二編』（谷川多佳子訳、岩波文庫）／『モナドロジー・形而上学叙説』（清水富雄・竹田篤司・飯塚勝久訳、中公クラシックス）／『法学・神学・歴史学』（酒井潔他訳、〈ライプニッツ著作集〉第II期第二巻、工作舎）

カント『永遠平和のために』（宇都宮芳明訳、岩波文庫）／『啓蒙とは何か』（篠田英雄訳、岩波文庫）／『永遠平和論／啓蒙とは何か　他三編』（中山元訳、光文社古典新訳文庫）

ヘルダー『人間性形成のための歴史哲学異説』（小栗浩・七字慶紀訳、〈世界の名著〉38）／『言語起源論』（宮谷尚美訳、講談社学術文庫）／『人類歴史哲学考』（嶋田洋一郎、岩波文庫）

第五章　市民（経済・産業）社会論

十八世紀後半のヨーロッパ社会は、産業革命の進行とフランス革命の勃発によって新たな局面を迎える。国家権力と明白に区別された「経済社会」ないし「産業社会」、それはヘーゲルにより、社会契約説のいう「政治社会」とは異なる意味で「市民社会（bürgerliche Gesellschaft）」と名づけられたが、そうした新しい様相が現われる一方、人権宣言からジャコバン派の恐怖政治をへてテルミドールの反動に終わる「フランス革命」の変遷が、社会思想に多くの課題を与えた。十八世紀後半から十九世紀後半にかけての思想家の多くは、この市（民経済・産業）社会やフランス革命をどう捉え、どう評価し、そこで発生してきた諸問題にどのような処方箋を書くか、というテーマと取りくんでゆく。

1　スミスの自由主義経済思想

市民社会ということばこそ用いなかったものの、国家権力と明白に区別された経済社会の自律性を論理づけた最初の思想家は、スコットランド人のアダム・スミス（一七二三―九〇）である。スミスは、自由な学風に満ち、道徳哲学者ハチソン（一六九四―一七四六）らが教えるグラスゴー大学を卒業してイングランドのオクスフォード大学に留学するが、その退嬰的な雰囲気に失望し、郷里に戻って大学で教えるかたわら一七五九年に『道徳感情論』を著わした。やがて渡仏してケネー（一六九四―一七七四）らと交際し経済学的な見方に目ざめた彼は、帰国後、約一〇年かけて『諸国民の富の本性と原因についての研究』（略称、『国富論』）を執筆、一七七六年に公刊して大好評を博した。ここでは彼に影響を与えた思想家にも言及しながら、社会思想史上すこぶる独創的な彼の業績をまとめてみよう。

ヒュームの社会論

イギリスにおいて、ロック流の社会契約説に代わる新しい社会論は、同じスコットランド人としてスミスの友人であったヒューム（一七一一―七六）によってまず提起された。彼によれば、政治社会が人びとの合意（＝原始契約）によってつくられるという考えは、歴史的事実の裏づけを欠いた幻想であり、名誉革命の場合ですらその考えは当てはまらない。実際にこれまでの社会史をかえりみれば、政治社会の正統性は、人びとの合意ではなく人びとが暗黙のうちに与える承諾、すなわち「黙約（convention）」にもとづいているのである。そしてその黙約は、人びとの理性にではなく共通の利害感情に根ざすと考えられねばならない。彼はロックとは異なり、人間の道徳を形づくるのは理性ではなく感情であるとみなした。道徳的義務の行為も、原初的には人間の自然感情に動機づけられており、正義のような人為的規範も人びとの「共感（sympathy）」に支えられてはじめて効力をもつ、とされたのである。

『道徳感情論』

こうしたヒュームの共感原理を、スミスは『道徳感情論』で独自の観点から受けついでいる。まず人間の自然本性が「利己的」と規定される。それは人がつねに他人よりも自分のほうに関心をいだくという事実によって容易に確かめられるが、スミスはここからホッブズのように、人間の利己心がもとで万人の万人に対する闘いが始まるとは考えなかった。まったくその逆に、利己心は神が創造のさいに人間が幸福となるよう与えたものであり、利己的本能のおもむくままに活動することで人間は幸福になるばかりか、他人をも触発して社会全体を活性化させると考えたのである。

とはいえ彼は、野放しの利己的活動を奨励したわけではない。一人の利己的活動が他の人びとの活発な諸活動を生みだし、それらがたがいに調和してゆくためには、「公平な観察者（impartial spectator）」すなわち身内以外の第三者の共感によって、彼の活動の適正・不適正がチェックされねばならない。各自の利己的活動がうまく他者のそれと調和している状態が理想であり、そのとき利己心は勤勉・節約・賢慮などの徳性を生みだす。人間の利己心が抑えられるところに社会の進歩はない、こうしてスミスはまず独創的な道徳哲学者としてデビューしていった。

重農主義者とマンデヴィル

すでに触れたように、その後スミスはフランス啓蒙思想家たち、なかでもケネーやテュルゴー（一七二七―八一）ら重農主義者（フュジオクラート）とよばれる人たちと交わった。彼らはあらゆる富の根源を農業に求め、それを自然の法則とみなしていた。とりわけ宮廷医師でもあったケネーは、身体における血液のめぐりになぞらえながら、社会における富の流通を計量的に把握する『経済表』を著わし、それがスミスに新鮮な衝撃を与えた。スミスは彼らの商工業軽視を批判しながらも、その科学的手法に示唆されて『国富論』を執筆してゆく。

ここで、重農主義者とともにスミスの経済思想の形成に影響を与えた人物として、オランダに生まれイギリスに帰化したマンデヴィル（一六七〇頃―一七三三）を挙げておかねばならない。彼の著わした『蜂の寓話――私的悪徳、公共の利益』は、私欲にかられて行動している蜂が巣全体を豊かにするように、人間のぜいたくや虚栄心が経済全体の繁栄をもたらすことを強調し、政府がそうした行動に干渉するならば、その繁栄が消滅することを描きだした。マンデヴィルがこの著で社会諷刺をしたのか、それとも実際に私欲の意義を説いたのかは定かでない。だがいずれにせよスミスは、私益が公益を生むという彼の発想から大きな示唆を得たのである。

富の概念

『道徳感情論』は生涯にわたり六回改訂されたが、これと並ぶ大著『国富論』（一七七六）でスミスは新しい富の概念を導入する。それまで支配的であった重商主義（mercantilism）の富概念は、なによりも金や銀、その他の財宝を富と考え、貿易の差額によってそれを得ることを奨励しており、一七六七年に出たスチュアート（一七一二―八〇）の『経済学原理』は、この立場を代表していた。それに対しスミスは、金・銀・財宝ではなく「生活の必需品と便益品」こそ国の富をなすという見解を提示するのである。そしてそのような生活の必需品や便益品は、国民の労働の生産物として、あるいはその生産物によって他の国民から購入したものとして、理解されねばならない。

このような富を飛躍的に増大させるものは「分業」である。彼はピンの製造工場を例にとりながら、分業の富にとっての意義をつぎのように説明している。もし一人が全工程にたずさわれば、一日に一本もピンをつくれないだろう。それに対して多くの人が、ある人は針金を引き延ばし、つぎの人がそれをまっすぐにし、三人めがこれを切り、四人めがそれを尖らせ、五人めがその頭部を付けるためにその先端を磨く、というかたちで分業を行なえば、一日に四〇〇〇本以上もつくれる。またこうした「技術的分業」ばかりでなく、「社会的分業」も国全体の富を高める。たとい一つの産業、たとえば農業がどれほど高い生産性を示そうとも、一国において産業の分化がなされていなければ、その国の富が大きく増すことはありえない。この点でスミスは重農主義者と明白に袂を分かっている。

統制経済の批判

彼にとって重商主義は、その富概念もろとも体系的に論駁さるべき学説であった。重商主義者は、富としての金・銀・財宝を貿易差額によって得ようとし、そのために特定の貿易商人（会社）に特権を与え、その差額に資する産業を保護する政策を支持していた。そうした統制経済は、人びとの労働意欲を損なわせて国内の産業活動を停滞させ、国全体の富の増大にはつながらない、というのがその批判である。経済活動は、人びとの利己的な自発性とそれを正当化ないしチェックするルール（「公平な観察者」に見合うような）にもとづく「自由競争」によってこそ活性化するのであり、それを抑制するような政策は撤廃されねばならない。こうした自由競争はまた、国内市場だけでなく国際市場のレベルでもつらぬかれるべき原理である。海外貿易は、東インド会社のような独占企業の手にゆだねられてはならず、諸国の自由競争原理にもとづいて国内の余剰物資を輸出し、不足物資を輸入するというやりかたが、貿易政策の王道なのである。

スミスは、この自由競争原理を「自然な秩序形成」という考えで論拠づけてゆく。各人の私益の追求は、「見えざる手（invisible hand）」に導かれ、当初はまったく予期しなかった思いがけない公益を生む。それが自然な秩序形成であり、国家権力（政府）はこの自然な下からの秩序形成に干渉することを避け、自らの権限を、防衛、司法行政、公共事業の三領域に限定すべきである。国家権力の正当性はこの三つの名目によってのみ保たれるのであり、国家財政もまた、防衛費・司法行政費・公共事業費の三本柱から構成されねばならない。そして法体系も、このような秩序観にもとづいて設定さるべきである。このようにいわば「経済社会の国家権力に対する優位」を謳い、社会思想史上に画期的なヴィジョンを打ちだしたのであった。

スミス以降の経済学

こうしてスミスは経済学の祖とみなされるようになったが、しかし彼の経済学は『道徳感情論』で示された独自の人間論と社会倫理を基礎としており、その意味で「モラル・サイエンス」と呼びうるものであった。それに対し、スミス以降の近代経済学はしだいにその色彩を失ってゆく。彼につづくリカード（一七七二—一八二三）の『経済学および課税の原理』は、スミスでもみられた地主・資本家・賃金労働者の三階級における長期的な分配関係を論じているが、そこでは社会のあるべき姿についてはほとんど論じられない。また、彼と並ぶ経済学者マルサス（一七六六—一八三四）の『人口論』は、人口の増大に食糧の供給が追いつかず飢餓が必至となることから、出生率をできるだけ抑えるよう説いたが、これはスミスとはまったく逆むきのヴィジョンであった。一方、ドイツにおいてスミスの経済学はヘーゲルの社会哲学に批判的に取り入れられたものの、F・リスト（一七八九―一八四六）らはこれを特殊イギリス的なものとみなし、逆にドイツでは歴史的特殊性に応じた保護貿易政策が採られるべきだと主張した。この立場は「歴史学派」の名で呼ばれている。

このようにスミス以降、経済学は彼がいだいたヴィジョンからますます離反してゆくが、それはまた十九世紀に入って社会情勢が大きく変化してゆく過程とも密接に対応していた。スミスがまったく予想だにしなかった社会主義思想も、そうした情勢の変化のなかから生まれ出てくる。

2　フランス革命後の社会思想

アンシャン・レジーム下のフランスでは、上位聖職者と貴族が、「第三身分（tiers-état）」とよばれる平民と対立していたが、ブルボン王朝の財政危機がもとで貴族は王朝とも反目し、一七八九年に三部会が召集された。しかし、第三身分の圧力によってこの三部会は国民議会、そして憲法制定議会と改称され、ついに七月十四日、パリの民衆がバスチーユ牢獄を占領した事件が引き金となって八月には封建制度の完全廃止を宣言、また「人権および市民権の宣言」をも採択した。こうして勃発したフランス革命は、はじめのうちミラボー（一七四九―九一）やラ・ファイエット（一七五七―一八三四）らによっておし進められ、一七九一年九月に立憲君主制を謳った憲法が制定された。だが、すでに国外逃亡をくわだてて失敗していたルイ十六世に信望はなく、九二年九月、議会は王制の廃止を決定し、ここに共和制の実現をみた。翌年一月、ルイ十六世は王妃マリー・アントワネットとともに処刑される。だがその後、事態は思わぬ方向へ突き進み、ロベスピエールの率いるジャコバン派が各地の内乱を鎮圧すると称して権力を掌握し、議会からジロンド派を追放して反対派の有力者をつぎつぎと処刑する恐怖政治を遂行していった。これが九四年七月のテルミドールの反動で打ち倒されて、五年にわたって続いたフランス革命は終焉する。しかしその後の不安定な状態から、九九年にナポレオン（一七六九―一八二一）の軍事独裁体制が生まれた。

こうしたフランスの一連の経緯は他のヨーロッパ諸国に大きな衝撃をもたらした。ここではフランス革命直後から十九世紀前半にかけてのイギリスの諸思想と、ドイツではとりわけヘーゲルの社会思想をまとめておこう。

a　イギリスの諸思想

バークの保守主義

イギリスのバーク（一七二九―九七）は、ホイッグ党に属する政治家でありながら、まっさきにフランス革命の非を唱えた思想家である。すでに匿名で出版していた『自然社会の擁護』（一七五六）において彼は、自然の欲望と本能にもとづいて暮らす家族単位の社会を「自然社会」とよび、その意義を説いていた。これに対し、法律によってつくられる「人為的社会」たるコモン・ウェルスにおいては、野心、貪欲、嫉妬、欺瞞、不正、みせかけの友情など、自然社会では考えられないような悪徳がはびこる。そのような人為社会のもたらす悲惨に対して人間の自然社会を擁護するバークの思想は、一見ルソーの『人間不平等起原論』を思わせるが、しかしそれは逆にルソーの社会契約論的発想への不信や批判に結びついたものであった。

一七九〇年、『フランス革命についての省察』で彼は、フランス革命がまさに悪しき人為社会を設立する試みであったと糾弾する。政治社会は抽象的な自然権にもとづいてつくられるものではなく、自然の欲望を充足するために人間の知恵が生みだしたものだからである。バークによれば、人間は単なる理性的存在者なのではない。理性とともに、よい意味での「先入見」をもっており、それによって慣習や伝統の蓄積を顧慮しつつ事柄を判断してゆく主体である。フランス革命はそのような重要な人間の性質をまったく忘れ、過去とのラジカルな断絶のうえに新たな政治社会をつくろうとしている。それは人間性の荒廃のあかし以外のなにものでもないし、なんら積極的な成果を生みださない。このように革命を全面的に否定したバークは、政治体制の正統性を人びとの長期にわたる歴史的承認、すなわち「時効(prescription)」に求める。イギリスのさまざまな伝統、国民宗教制や世襲君主制なども、この時効によって支えられているとみなした。

ペインとゴドウィンの急進主義

このバークに対して早くも翌年、トマス・ペイン(一七三七—一八〇九)が『人間の諸権利』(一七九一)を著わして反駁してゆく。「社会は保護者、政府は処罰者」という観点に立ってアメリカの独立を雄弁に説いた『コモン・センス』の著者は、フランス革命をなによりも圧制からの人間の解放と捉えた。

それは、神が定めた人間の平等と権利を得るための正当な企てにほかならない。市民権はすでに人間が生まれながらにして持つ「神聖な自然権」に由来するもので、政治がこれを弾圧するならば当然、この政府を倒す権利をもつ。アンシャン・レジームがいかに人間の自然権を弾圧してきたかという重要な問題をバークは意図的に無視し、論理をすりかえてフランス革命を誹謗するものだと糾弾した。こうした急進的思想のゆえにペインはイギリスを追われ、フランスに市民権を得たが、ジャコバン政権によって投獄されるなど不遇をかこち、晩年はアメリカに亡命した。

イギリスの急進主義は、さらにゴドウィン（一七五六―一八三六）によっても唱えられた。信仰を失ってカルヴァン派の牧師を辞めた彼は、フランス革命に刺激されて『政治的正義』（一七九三）を著わすが、その出発点はペインのような自然権にではなく、正義という社会規範にあった。所有権をもふくむ自然権は、個人のエゴや恣意を正当化することにもつながるがゆえに社会規範たりえず、全人類の利益（共通善）に対する諸個人の道徳的義務が、正義を形づくるのである。人類全体への「利他的行為」は人間にとって苦痛ではなく、逆にそれは「精神的快」をもたらす。そしてそうした行為が生みだす社会正義の判定は、どこまでも政府ではなく、自立した「諸個人の判断」にゆだねられねばならない。このようなラジカルな主張は、ヒュームやスミスのみならずロックとも異なる独自の社会倫理を提供し、後の無政府主義にも道をひらくものであった。しかしイギリス政府の締めつけもあってその主張は実を結ぶことなく、彼はやがてロマン主義的な文筆活動に沈潜していった。

ベンサムの功利主義

このようにイギリスで急進主義が蹉跌してゆくなかにあって、バーク流の保守主義に対抗する社会改革の論理たりえたのは、ベンサム（一七四八―一八三二）の功利主義である。彼は自然権や自然法といった契約説的発想を過去の遺物として退けながらも、「最大多数の最大幸福」を根本規範として、社会制度、とくに法制度の改革を構想していった。この根本規範はしかしゴドウィンとは異なって、人間の「利己的快楽」にもとづいている。エルヴェシウス（一七一五―七一）らフランスの感覚主義的唯物論から強い影響を受けていたベンサムは、バークやペインやゴドウィンの主著に先だつ一七八九年に『道徳および立法の諸原理序説』を著わし、善悪の規準は人間の快と不快の感覚に求められること、社会とはそもそも「それを構成する諸個人からなる擬制的団体」にほかならず、それゆえ立法の目的は彼らの快を増し、不快を減らすことにある等々の見解を打ちだした。刑法や民法などの改革は、このような社会観と倫理観によってはじめて可能になると考えたのである。とくに彼が力を注いだのは、刑務所の改善であった。イタリアの刑法学者ベッカリーア（一七三八―九四）などの主張を受けつぐかたちで、刑罰の目的は犯罪者を懲らしめることではなく、社会全体の苦痛を軽減することにあるとみなしたベンサムは、「パノプティコン（万視鏡）」とよばれる新しい刑務所をつくることを政府に働きかけ、結局それが受け入れられぬと、つぎには議会の改革運動に乗りだしていった。

功利主義はこのように、個人の快楽主義と社会の唯名論にもとづくリベラルな社会改革の論理として理解されねばならない。やがてそれはJ・S・ミル（一八〇六―七三）によって、過度の快楽主義が修正されるかたちで継承されていった。

b　ヘーゲルの社会思想

フィヒテ

フランス革命に批判の声の多かったイギリスと異なり、政治的後進国であったドイツでは、革命の当初の理念そのものはすこぶる好意的に受けとめられた。若きフィヒテ（一七六二―一八一四）は、フランス革命の「自由・平等・博愛」という理念に鼓舞されながら、人間における知のありかたと実践的自由の統合をめざす『知識学』を構想していった。フィヒテはベンサムとは反対に、人間は経験的快楽を求めるのではなく、能動的・理性的に自己を超えてゆく主体とならねばならぬと宣言し、それを「自我による非我の克服」というかたちで言い表わす。そのような人間同士の自由な相互触発の場が社会なのであり、そうした自由で理性的な人間関係を外的に保障するものが法にほかならない。

このラジカルな「人間社会」観をもとに、フィヒテはナポレオンの軍事体制をフランス革命に対する裏切りとみなし、ナポレオン侵入に抵抗するためドイツ国民が一つになって自己啓発すべきことを強く訴えた。彼によれば、感覚的幸福のみを求める国民に将来性はない。人類の進歩を担いうるのは、教育の力によって高い理性や教養に達した国民によってであり、その夢を彼はドイツ国民に託したのである。この訴えは当時、諸国に分裂していたドイツの諸民族（Völker）を一つの「国民《ナチオン》（Nation）」にまとめようという明確に国民国家の樹立をめざす意図をもっていたが、しかしここでフィヒテが、ナショナリズムの高揚だけでなく、全人類の進歩への寄与を考えていたことも看過されてはならない。ナポレオンの覇権主義的な国際主義に対抗しうる真の「国際主義（Inter-nationalismus）」は、倫理的に育成された国民が存在してこそ可能であると考えられていた。そして彼の「人間社会」観を超えるべく野心をいだいて一大体系を構想したのが、ヘーゲル（一七七〇―一八三一）である。

『精神現象学』

若きヘーゲルは、友人シェリング（一七七五―一八五四）の影響も受けてフィヒテの知識学の批判を開始する。自我ならざるもの（非我）を単に自我の障害物として捉えるだけでは、十分ではない。自我と自我ならざる他者（対象）が和解しあってこそ、人間の自由はその内実を得る。このような関心のもとに『精神現象学』（脱稿一八〇七）で、人間が認識を深化し発展させる過程をつぎのように描きだす。すなわち、まず自己とは異質な他者（対象）のなかでいったん自らを見失い、その他者と和解しあうことによって、より大きな自己へと生成してゆくというプロセスである。ここにおいて自己をいったん失うところの「自己疎外（Selbstentfremdung）」はより大きな自己と世界を得るために必要不可欠な一契機なのであり、自らとは異なる他者（対象）において自己自身であること、これが精神の自由のあかしにほかならない。この自由は、「同一性と非同一性との同一性」という論理学的範疇でも言い表わすことができる。

学問体系と法哲学

ヘーゲルは一八一八年から、フィヒテが初代総長をつとめたベルリン大学で講義したが、W・フンボルトによって創設されたこの大学には、ナポレオンの実用主義的な大学令に対抗して哲学を中心に諸学問を統合するという理念のもとに、シュライエルマッハーをはじめ多くの思想家が集まっていた。ヘーゲルはそこで、論理学・自然哲学・精神哲学の三部門からなる自らの学問体系を披露していく。このうち精神哲学はさらに主観的精神論（人類学、狭義の精神現象論、心理学）・客観的精神論（法哲学、歴史哲学）・絶対精神論（芸術、宗教、哲学）で構成され、それらは『精神現象学』の洞察を踏まえて体系化されたといえる。

このなかで客観的精神論に属するヘーゲルの社会思想は、一八二〇年に単独で『法の哲学』と題して出版された。この書の序において彼は、社会制度と和解した人間精神のありかたを、いわば「自己が制度によって規定されつつも、その規定が自己を縛るのでなく、自己を普遍的・公共的な自由に高めていくことを知っている意志」という観点で捉える。ルソーの一般意志論は、意志の哲学的基礎づけを欠いた抽象論にとどまっていたため、フランス革命ではロベスピエールの恐怖政治に利用された。自由をもたらすはずのフランス革命が中途で恐怖政治へ転化した最大の理由は、社会体制をつくる自由な精神の論理が不在であったがゆえである。そしてフィヒテの能動主義的な自我論も主観主義的レベルにとどまっており、社会制度の基礎づけたりえない。自由な精神にもとづく社会制度論は、人間主体を能動性と受動性の双方から捉えなくてはならないのである。

人倫の体系

自由な精神によって支えられる社会制度をヘーゲルは「人倫（Sittlichkeit）」とよぶ。それは抽象的な法（民法、刑法）と道徳性（自由な自己規定をもつ主体の道徳）を超えたレベルに存在するところの、制度化された倫理と考えられねばならない。人倫は「家族、市民社会、国家」の各段階で構成され、このうち市民社会はアダム・スミスらの経済学が考察した経済社会を意味し、「欲求の体系」と規定される。個々の労働と欲求の充足で成り立つ市民社会は、しかしスミスが考えたような「見えざる手」によって万事が調和するようなシステムではなく、むしろ「人倫の喪失態」である。すなわち、なりゆきに任せていては、富める者はますます豊かに、飢える者はますます貧しくなるような弱肉強食の法則が支配し、たとえ司法や福祉行政、職業団体らの努力をもってしてもこの市民社会の矛盾は解消しえない。

市民社会のメリットたる人びとの経済活動の自発性を認めつつ、市民社会の混乱と矛盾というデメリットを救うために、ヘーゲルは人倫たる「国家」の導入を説く。国家こそ、人間の自由な精神が和解してできた人倫であり、その内容を規定した憲法は、もろもろの社会規範を基礎づけると彼は考えた。だが、実際に彼が理想としたのは当時のプロシアの立憲君主制であった。

歴史思想

人倫の最高態としての国家は、たがいに他の国家に対しては「民族精神」という特殊性として現われる。その特殊性を超える普遍性は「世界精神」でしかありえない。ヘーゲルは、その普遍性の場ともいうべき「世界史」を「自由の意識の進歩」によって意味づけた。古代オリエントや東洋において自由を知っていたのは一人の人間すなわち君主のみであり、多くの奴隷の力に負っていた古代ギリシアのポリスにおいては少数の市民だけが自由を知っていた。それに対して奴隷を非とするキリスト教精神にもとづいて生まれたゲルマン世界では、すべての人が自由の価値を知っている。これこそ世界史の進歩である。

こうした歴史観のもとにヘーゲルは、歴史上の痛手も、結局は歴史における「理性の狡智（List der Vernunft）」の働きとみなす。理性の狡智によって、歴史的出来事は自由の実現にすべて寄与するよう導かれるとされ、この考えは聖戦を正当化する論拠ともなった。この徹底した自由中心主義的な進歩史観は、ヘーゲルの没後、一方ではランケ（一七九五―一八八六）などの歴史家から徹底的な反発を招き、他方ではマルクスによって唯物論的なかたちで継承されてゆく。

3　初期社会主義思想

ヘーゲルが見抜いたように、十九世紀に入ると市民（経済）社会はアダム・スミスの予想を裏切って弱肉強食の観を呈してくる。フランス革命のときシェイエス（一七四八―一八三六）は「第三身分」を国民のすべてと定義したが、その第三身分も「有産階級と無産階級」とに分化する傾向が著しくなったのである。そうしたなかで、市民社会の無計画性を廃し、社会の矛盾や貧困を克服すべく新しい思想や運動が生まれていった。それがいわゆる「社会主義」であり、まずイギリスとフランスで勢力を得た。

オーウェンの協同主義

幼少の頃から働き、独学で知識を得たオーウェン（一七七一―一八五八）は、イギリスにおける最初の社会主義思想家であり実践家であった。若くしてスコットランドのニュー・ラナーク村の紡績工場の支配人となった彼は、そこで労働者の苛酷な生活と精神的頽廃をつぶさに見て、労働時間を十時間半に短縮したり世界ではじめての幼稚園を創設するなど革新的な事業をくわだて、一八一三年に『新しい社会観』を著わして、人間の性格は環境の産物であるから、なによりも環境の改善によって労働者の性格を変えねばならないと訴える。そのために彼は「性格形成新学院」をつくり、独自のカリキュラムにもとづいて幼稚園・小学校のみならず夜間の成人学級をも経営していった。

その後、社会情勢がますます悪化し労働者の窮乏が深刻化するなかで、『ラナーク州への報告』(一八二〇)によって「和合と協同の村」づくりを提案した。それは自給自足を原則とし、私有財産のない協同生活の村であったが、州はそれを非現実的と退けたため、彼は多額の資産を投入してアメリカのインディアナ州に「ニュー・ハーモニー村」(一八二五―二八)を創設する。しかしこの試みは、内部分裂と経済的な行きづまりから無惨な失敗におわった。失意のうちに帰国したが、しかし彼の名声と影響力は国内で高まり、私的利潤の撤廃をめざすロンドン協同組合の発足につづいて、一八三四年には一〇〇万人以上の加入者からなる「全国労働組合大連合」が結成され、オーウェンは短い期間であったがその議長をつとめ、イギリス労働組合運動の父としてその名を不動のものとした。なお、根絶さるべき社会の三悪として、彼が私有財産、既成宗教、愛なき結婚制度をあげていたことも指摘しておこう。

サン=シモンの急進産業主義

フランスにおいて、社会主義と呼びうるような運動を準備した一人がサン=シモン(一七六〇―一八二五)である。伯爵家の息子に生まれ、若くしてアメリカ独立戦争に従軍した彼は、フランス革命を封建的な軍事体制から産業型の管理体制への移行の始まりと位置づけて、ナポレオン帝政によって頓挫しているこの移行をすみやかに実現すべきことを強調した。『産業者の教理問答』（一八二三、二四）にわかりやすく説かれた社会変革のプランは、つぎのようなものである。製造業者・農民・商人からなる産業者は、いまや国民の24／25以上に達しており世論とみなしうる勢力になっている。これからは貴族や金利生活者を排除し、法律家や役人などをその支配下におく「産業体制」を確立しなければならないが、平和裡に政治権力を奪取するには国王を首長にいただくことが最善の戦略といえる。そうした「産業君主制」のもと、財政最高委員会を設置して公共財産を管理し、公共事業などの計画経済を遂行してゆくべきである。

さらに一八二五年には『新キリスト教』を著わし、産業者の精神的・物質的生活の全体を改善するような新しいキリスト教の創設を謳った。カトリックやプロテスタントに対して、産業者のメンタリティに見合った宗教改革が不可欠と考えたのである。こうして彼は、銀行家を中心とする急進的な産業者の強いリーダーシップによって、計画経済の実践をもくろんだ。その点でオーウェンの労働組合主義とは趣きを異にしているが、その思想は彼の没後、弟子たちにより機関誌『生産者』などを通して、遺産相続制の廃止や不労所得の廃止、また生産手段の公有などを掲げた急進的な社会主義運動として展開されてゆく。サン＝シモンはまた、科学による「物の管理と組織づくり」を説き、その科学主義的な世界観はのちのコント（一七九八―一八五七）の実証主義思想の母胎ともなった。

フーリエの情念解放協同体

フランスの社会主義運動を導いたもう一つの流れは、サン＝シモンとは対照的なフーリエ（一七七二―一八三七）である。富裕な商人の家に生まれた彼は幼少の頃から商業の偽善に強い反感をおぼえて育ち、やがてその独特な人間論にもとづいて、商業を核とする産業体制に代わる新しい協同社会を探求してゆく。一八〇八年に匿名で出版した『四運動および普遍的運命の理論』はほとんど無視されたが、一八二九年の『産業的・協同社会的な新世界』は、しだいに多くの支持者を得た。

この書でフーリエは、商業が寄生し、所有と労働が分化した社会を倒錯した病的社会とみなし、真理と魅力的な産業のうえに築かれる正気の「協同社会」をそれに対峙させる。しかし彼が理想とするのは、オーウェンが考えたような道徳的な社会ではなく人間の情念の解放をめざす社会である。

自然界における万有引力のごとく、「熟慮反省に先だって自然によってもたらされ、理性、義務、偏見などの反対にもかかわらず、いつまでも存在する衝動」を彼は「情念引力（attraction passionée）」と呼ぶ。引力として働く人間の情念は、つぎの三群一二種に分かたれる。まず味覚・触覚・視覚・嗅覚・聴覚の五つの「感覚的情念」であり、これらは自己中心的である。つぎに、友情・野心・恋愛・家族愛の四つの「愛情的情念」は、主に少数の人間関係において満たされる。そして最後に、密謀・移り気・複合の三情念からなる「配分的ないし機制的情念」は社会関係のなかで発散されるものである。フーリエによれば、既存の産業社会に代わる新しい協同社会は、この最後の三つの情念が十分に解放されるような体制を整えていなければならないのである。たとえば、密謀情念を満たすために各グループに対抗意識をひき起こすような雰囲気が、また移り気情念を満たすために仕事を二時間ごとに変えるような職場編成が、複合情念を満たすために一瞬ごとにエキサイトするような環境がそれぞれ整っていれば、人びとは労働に苦痛を感じることなく、そこに快楽を見出し、労働と遊びの区別は解消するであろう。そしてその結果、生産力も飛躍的に拡大するにちがいない。

このようなピューリタニズムとは正反対の反禁欲的な労働観によって、フーリエは情念解放の協同体「ファランジュ（phalange）」の創設を構想した。それは男女一六二〇名を収容して、主に農業を中心に生産・分配・消費をともにする生活協同体である。ファランジュは今ただちに実現しえないにせよ、あるべき未来の社会を先取りしているとフーリエは信じていた。そしてこの考えは弟子たちによって引きつがれ、一八四〇年代に大きな勢力となっていった。

プルードンの無政府主義

しかしこれも長くは続かず、一八四八年以後、フランスの労働運動を導いたのはプルードン（一八〇九―六五）の思想であった。フーリエと同郷ながら貧しい家に生まれた彼は、一八四〇年に『所有とは何か』を著わし、「所有とは盗みだ」と主張してセンセーションをひき起こした。しかし、それによって私有財産制の全面廃止を唱えたわけでなく、正義に反する特権階級の所有形態を攻撃したのである。正義に反しないかぎり所有はむしろ労働者の自由のために必要だと、後年には明言している。いずれにせよ、重要なのは正義と自由とが両立することであり、その試みとして彼は一八四八年の二月革命を機に、無利子で労働者に金銭を貸しだす「交換銀行」を設立する。この試みは結局、ナポレオン三世を誹謗したかどで投獄されたために潰えてしまうが、彼はあくことなく執筆活動をつづけ、フランスの労働運動に大きな影響を与えていった。

プルードンによれば、正義を欠いた利己主義的な経済活動は拒否されねばならないが、しかし他方、個人の自由を抹殺するような国家権力も無化されねばならない。ルソーやジャコバン主義者がまさにそのような思想であるのに対して、真に求められるべきは、各地域の労働者が自由な立場で連合しあい、国家権力(中央政府)を不用とするような体制である。この「無政府主義的な連合主義」によってこそ、労働者の個としての「自由」と「社会正義」とは両立しあうと考えたのである。さらにまた彼は、このような連合主義を国家の枠を超えて広げることを提唱し、当時勃興しつつあったナショナリズムに強く反対した。当時のイタリア統一運動にみられるような国民国家の理念は、国家に個の自由を従属させるという点で、まさに彼の理想とするヴィジョンに逆行する出来事であった。そのため彼は亡命先のベルギーではナショナリスト達からの激しい総攻撃にさらされている。

彼の無政府主義思想はやがてロシアのバクーニン(一八一四―七六)に強い影響を与え、より過激な思想へ転化していった。すなわち、プルードンの各労働者個人に基礎をおく連合主義を、バクーニンは集団色の濃い革命主義に代え、そのような労働運動によって国家権力の死滅をめざしたのである。

付　フランスの復古主義と自由主義

ここで、十九世紀前半から中葉のフランスにおいて、社会主義と敵対した諸思想に簡単に触れておこう。

まずフランス革命を非とするバーク流の保守主義は、フランス本国においては「王党派の復古主義」となって現われ、メーストル(一七五三/四―一八二一)やボナール(一七五四―一八四〇)らの戦闘的な論客を生んだ。亡命貴族（émigré）であった彼らは、もっとも自然な政体である君主政治を破壊した諸悪の根源を、啓蒙主義者、とりわけルソーの社会契約論にみてこれに総攻撃をくわえた。社会契約や一般意志等々の抽象原理にもとづいて人為的に記された憲法などは無効であり、国民の宗教心や慣習に根ざし、自然の力にもとづいて施行される法のみが有効であると説き、そのような政治体制は君主制以外にはないと論じて、一八一五年の王政復古後、体制派知識人として活躍した。

他方、同時代のリベラルな政治思想はコンスタン（一七六七―一八三〇）、ギゾー（一七八七―一八七四）、トクヴィル（一八〇五―五九）らによって展開され、彼らは「個人の自由」を尊重する代議制を支持しつつも、ルソー流の人民主権論的な民主主義のもつネガティヴな側面をも批判していった。とくに一八三一年に渡米し、そこでの考察を『アメリカの民主主義』（一八三五、四〇）としてまとめたトクヴィルは、民主主義の特質を「諸条件の平等化」とみなし、その意義を認めながらも同時に、「多数者の専制」による個人の自由の空洞化の危険を指摘した。彼の見解はイギリスの自由主義者J・S・ミルによっても取り入れられたが、リベラルな立場からの大衆社会批判の先駆と位置づけられよう（第七章2参照）。トクヴィルはまた、醒めた目でフランス革命を考察し、革命は、革命なしでも起こりえたことを多くの代償を支払って行なった事件であり、その得たものは意外と乏しく、革命後もアンシャン・レジームの遺物が行政的な中央集権体制として残っていると論じた。

4　マルクスの社会革命思想

イギリスとフランスで社会主義運動が勃興する一八三〇年代、ドイツでは青年ヘーゲル派とよばれる一群の思想家たち——D・シュトラウス（一八〇八—七四）、ブルーノ・バウアー（一八〇九—八二）、L・フォイエルバッハ（一八〇四—七二）等々が、ヘーゲルの宗教哲学と国家論の批判を始めていた。その青年ヘーゲル派の人びととベルリン大学で交流し、はじめ強い影響を受けながらも後にその思弁性ないし観念性を批判して独自の社会革命思想を展開していったのが、ユダヤ系ドイツ人のマルクス（一八一八—八三）である。

市民（ブルジョア）社会の非人間性

ベルリン大学を去って後、友人ルーゲ（一八〇二—八〇）とともに『ライン新聞』の編集にたずさわった若きマルクスは、実際の社会問題と取りくめば取りくむほど、生産手段の私有に基礎をおく市民（ブルジョア）社会がいかに非人間的なものかを思い知る。市民社会は、人間のあらゆる類的結合に代えて、利己的欲望によって人間をたがいに敵対しあうばらばらな諸個人に分解している。こうした市民社会の悲惨な状態を、ヘーゲルは国家の手で克服することを考えたが、彼は国家は決して普遍的な自由の現実態ではなく「特権階級の権力装置」にすぎないとみた。市民社会の隷属状態からの解放は、「市民社会に属しながらも市民社会に属しない階級、人間性の完全な喪失であるがゆえに人間性の完全な再獲得によってのみ自分自身を獲得できる階級」すなわちプロレタリアート（労働者階級）の育成によるほかはない（『ヘーゲル法哲学批判序説』一八四三／四四）と考えたのである。

マルクスはまた一八四四年ころパリで記した『経済学・哲学草稿』において、資本主義社会における非人間性を、つぎのような「疎外論」で言い表わす。労働者は、まず自分のつくった労働生産物から疎外され、つぎに労働を自らの行為として感じとることができず、そして人間らしさ（類的本質）を失って動物なみの欲求水準に落ち、また階級対立によって対等なコミュニケーションから除外される。このような疎外を彼は資本主義社会で必然的に生じる現象とみなした。すなわちヘーゲルが『精神現象学』において、疎外を人間の認識の深化・発展のために不可欠の一契機として、なかばポジティヴに捉えたのに対し（本章2参照）、マルクスは疎外を現実的なものとして、資本主義社会における人間性の喪失状態を表わす完全にネガティヴな概念としてもちいたのである。

『ドイッチェ・イデオロギー』

一八四五年から四六年にかけて彼は、生涯にわたる友人エンゲルス（一八二〇—九五）と二人で『ドイッチェ・イデオロギー』を執筆する。これはいわば彼らの青年ヘーゲル派からの訣別宣言であり、また彼ら独自の歴史観と実践論の表明でもあった。

青年ヘーゲル派のなかでも、とりわけフォイエルバッハは『キリスト教の本質』（一八四一）を著わし、神とは人間の内なる欲求の投影にほかならず、その意味で「神学とは人間学にほかならない」と主張して、彼らに強い感銘を与えていた。だが今やマルクスは、フォイエルバッハの人間学が抽象的レベルにとどまっていて、歴史によって規定された具体的な人間を捉えていないと批判する。人間は決して超歴史的な存在者ではなく、ある特定の歴史的社会関係のなかに投げこまれた存在者である。したがって、人間を理解するためにはその人間を規定している歴史的・社会的な現実、とくに経済的現実を認識しなければならない。「人間の意識が現実の生活過程から生まれる」のであって、その逆ではないのである。フォイエルバッハをはじめ青年ヘーゲル派は、思弁的な意識批判、社会批判を論じているが、これは逆立ちしたやりかたであって、彼らの主張は真の現実を隠蔽するイデオロギーにすぎないと論駁した。十九世紀初めころ、イデオロジスト（観念学者）という名で知られていたフランスのド・トラシー（一七五四—一八三六）らが、ナポレオンによって「現実離れした抽象論者＝イデオローグ」と非難された用法を受けつぐかたちで、マルクスは青年ヘーゲル派をドイツのイデオローグと難じたのである。

史的唯物論と共産主義

このような非難につづいて、マルクスとエンゲルスが打ちだした独自の歴史観が史的唯物論である。彼らは人類の歴史を、物質的生活そのものの生産に始まり、新しい諸欲求の創出や性的欲求を通じて家族的な社会関係を結び、そして生産の協同様式を形成して発展してきたとみる。こうした人類史の過程において人間の意識は、他者とコミュニケートするための言語を通して種族的な意識として発達してきたが、分業によって物質的労働と精神的労働が分化しはじめるやいなや、宗教や哲学などの純粋意識が生じた。分業が「自然成長的（naturwüchsig）」に進展して、ついに市民（ブルジョア）社会の出現にいたる歴史は、まさに人間疎外の歴史であったと規定される。

では、そのような疎外からの解放はどのようにして可能であろうか。マルクスとエンゲルスはそれを「いまの状態を揚棄（Aufheben）するところの現実的な運動」としての共産主義にゆだねる。共産主義とは、結合した諸個人の力に、自然成長的な社会の発展を従属させ、従来の生産関係とコミュニケーション（Verkehr）関係の全体的変革をめざす運動の総称として理解されねばならない。そして一八四八年、その具体的プログラムを彼らは『共産党宣言』という名で発表する。

『共産党宣言』

「これまでの社会の歴史はすべて階級闘争の歴史である」というセンセーショナルな一文に始まり、「万国のプロレタリアートは団結せよ」というアピールで終わる『共産党宣言』は、共産主義社会の実現のためになすべき一〇項目をあげている。それは、(1)土地の国有化、(2)強度の累進課税の実施、(3)相続権の廃止、(4)すべての亡命者と反逆者の財産の没収、(5)銀行の国有化、(6)あらゆる運輸機関の国有化、(7)国有工場と生産用具の増強、(8)万人平等の労働義務と農耕産業軍の設置、(9)工業と農業の結合による都市と農村の対立の除去、(10)すべての児童への公的な無償教育の実施および教育と物質的生産の結合、などである。これらをプロレタリアートが率先して遂行することによって、階級差別は消滅し、それとともに国家権力はその政治的性格を失って死滅するであろう。そして階級と、階級対立にもとづく市民社会に代わって、「各人の自由な発展が万人の自由な発展の条件であるような結合社会（Assoziation）」が生まれる、というのが彼らの革命のプログラムと革命後のヴィジョンであった。

資本主義崩壊論

一八四八年にドイツの三月革命が失敗におわると、その翌年、マルクスはドイツを追われ、パリをへてイギリスに渡った。それからはエンゲルスの支援を得て、資本主義経済の批判的研究に没頭してゆく。

史的唯物論をさらに発展させるかたちで、「経済的土台（下部構造）」が人間の「意識、法、宗教、芸術等々のありかた（上部構造）」を規定すると説き、資本主義経済の体系的な解明を通じて共産主義革命への途を模索しようとした。やがて『資本論』の名で出版された大著（第一巻一八六七、第二、三巻は死後の八五、九四）においてマルクスは、労働者の余剰労働時間が生産物の剰余価値としての利潤を生みだし搾取が行なわれること、資本主義体制では商品の「物神化」や人間関係の「物象化」が日常茶飯事となること等々を強調し、さらに資本主義崩壊の不可避性をつぎのように論じてゆく。すなわち資本家が搾取によって富めば富むほど、労働者は貧しくなって購買力を失い、商品は売れ残って恐慌が訪れる。そのとき管理能力を失った資本家に代わって、公権力はプロレタリアートの手に渡らざるをえない。このように資本主義のメカニズムがひき起こす大恐慌を通して彼は革命を予見していった。

マルクスと労働運動

イタリアの統一戦争、アメリカの南北戦争、ポーランドの人民蜂起などが契機となり、一八六四年にロンドンで「国際労働者協会（第一インターナショナル）」が創立された。これは各国の労働者階級の国際的連帯を謳うもので、マルクスが創立宣言の起草にあたった。しかし、一八七〇年に蹉跌したパリ・コンミューンの総括をめぐって、無政府主義を唱えるプルードン主義者やバクーニン主義者との意見対立が激化し、七二年に協会は事実上、解散してしまう。この時点でマルクスはあくまで「プロレタリアートの独裁を通しての国家死滅論」に固執し、公権力を行使しての荒療治なしには革命は遂行できないと主張した。そしてまた他方、ドイツに抬頭してきた国家主義的な社会主義（ラッサール派）に対しては、労働運動の最終目標は国家の死滅にあり、ナショナリズムとは相容れないと非難してゆく（『ゴータ綱領批判』一八七五）。一国社会主義は、はじめからマルクスの思想とは無縁のものであった。

エンゲルスの思想

ここでマルクスの友人エンゲルスの思想にも触れておこう。彼は『ドイッチェ・イデオロギー』『共産党宣言』を共同執筆する一方、文化人類学や自然科学の領域で『家族・私有財産および国家の起源』『反デューリング論』『自然弁証法』などの書を著わした。とくに当時流行しつつあった機械論的唯物論に対抗して、量から質への転化（またその逆）の法則、対立物の統一と闘争の法則、否定の否定の法則を三本柱とする「弁証法的唯物論」を唱えたのは、エンゲルスである。またオーウェン、サン゠シモン、フーリエらの社会主義を「ユートピア（空想）」と称し、マルクス主義を「科学」としてこれに対置した。なお、最晩年にはマルクス『フランスにおける階級闘争』への序において、暴力革命ではなく議会制を通しての革命を示唆する発言を行なっている。

アダム・スミスからマルクスにいたる思想史において最大のテーマは、国家権力と区別された「市民（経済・産業）社会」をどう捉え、どう評価するかという問題であった。それに対する診断と処方箋がいかに多彩なものであったかは、これまでみたとおりである。いわゆる「資本主義vs社会主義」という図式や論争はこの時代に始まる。とはいえ、スミスにみられるように資本主義と保守主義を同一視することは必ずしもできないし、社会主義とよばれる諸思想にもそれぞれ敵対しあう内容がふくまれていた。その事実を踏まえながら、各思想家の現代性を考えてゆこう。

スミスと現代

産業革命の黎明期に生きたアダム・スミスにとって、主要な敵は統制経済（＝重商主義）であり、国家主導の経済体制に代わって、独立小生産者がルールに従って相互に競いあう「自由競争体制」を実現することが課題であった。このような思想は十九世紀に入って市民社会の弱肉強食が顕著になるにつれて、いったんは色あせたものとなる。だからこそ、ヘーゲルは国家による市民社会の乗り越えを説き、社会主義者たちは私有財産の制限ないし廃止を説いたのである。しかし皮肉なことに、二〇〇年以上も前のスミスのヴィジョンは、既存の計画経済型の社会主義が瓦解し、福祉国家が財政難をかかえこむようになった今日、ふたたび脚光を浴びるものとなった。

スミスの「自由競争」と「市場経済」の論理を、もっとも精力的に復権させた現代の思想家はハイエク（一八九九―一九九二）であろう。彼はマルクスの共産主義のみならず、サン＝シモンの社会主義思想をも計画的理性にもとづく上からの統制経済とみなし、それに自らが支持するところの、人びとの自発性と共感にもとづくスミス流の自由主義経済思想を対置させる。中央政府主導の上からの計画経済は、そうした自発性を閉塞させ官僚制をはびこらせるだけであり、これに代わって民間企業の自発性にもとづく市場経済の論理（＝自生的秩序）が社会秩序を形成しなければならないと彼は主張している。

たとえこのハイエク流の市場中心主義を受け容れずとも、スミスの経済学がモラル・サイエンスとして構想されたことは銘記する必要があるだろう。利己心に発する経済活動が公平な第三者の共感にもとづくルールでチェックされてこそ、自由競争は成り立つというスミスの思想は、単なるエゴの横行や弱肉強食の進行を許さない「資本主義の倫理」を考えてゆくうえで、今日なお示唆に富むヴィジョンを提供してくれる。

なお現在、アメリカのブキャナン（一九一九―二〇一三）らが、スミスの政治経済学を社会契約論的に再解釈する「立憲経済学」を唱えていることをつけ加えておく。

イギリスの諸思想と現代

アダム・スミス以降のイギリスの社会思想は、マルクス主義を例外とすれば、ながらくバーク流の保守主義、ベンサムとミルらの功利主義、オーウェン流の社会主義、の三本の柱から成り立ってきたといえる。

まず、ホイッグ党員であったにもかかわらずバークは、「時効」という考え方にもとづく伝統擁護思想によって、後のバジョット（一八二六―七七）をへて今日にいたるまでの、立憲君主国イギリスにおける「保守主義」の父とみなされるようになった。バークは経済について論じなかったが、たとえば先にあげたハイエクは、スミスの自由主義経済思想をバークの伝統主義に接ぎ木するかたちでいわば「保守的リベラリズム」を唱えており、この二つは必ずしも両立不可能とはいえない。

他方、自由主義的な法思想を展開したベンサムは、スミス同様、人間を利己的存在者とみなし、法や政府を社会のより大きな悪を減らすための必要悪と考え、その改革を説いた。それゆえ、十九世紀の自由主義は功利主義として発達し、それはJ・S・ミルの「質的功利主義」と「修正資本主義」の考えによって頂点に達した。だが十九世紀も後半にいたると、ドイツ観念論哲学の影響を受けたトマス・ヒル・グリーン（一八三六―八二）が「人格の実現」という観点から功利主義とは別の自由主義思想を展開し、今世紀前半には経済学者ケインズ（一八八三―一九四六）が、ベンサム流の功利主義を自由主義にとって害悪であると非難した。にもかかわらず、功利主義はとくに英米系の社会諸科学の基礎をなすリベラルな社会倫理として久しく大きな勢力を保ちつづけた。それに対し現在では、「公正としての正義」を唱えるアメリカのロールズ（一九二一―二〇〇二）らが社会契約論的発想を復権させ、功利主義に代わる新たな自由主義の哲学的基礎づけをめざしている。

オーウェンの協同主義は労働組合運動を生み、その後チャーチスト運動をへて、八〇年代にはウェッブ夫妻（一八五九―一九四七、一八五八―一九四三）やバーナード・ショー（一八五六―一九五〇）らの努力によって「フェビアン社会主義」として発展し、一九〇〇年に労働党の結成にいたっている。そして、ながらくマルクス主義的社会主義に代わる有力な福祉国家のヴィジョンを提供してきた。今日では、ハイエク流の自由競争思想にもとづくサッチャーリズムの攻撃を受けて停滞しているが、「環境と人間精神」の関係を重んじ、教育の重要性を訴えたオーウェンの思想は、とりわけ第三世界において今なおアクチュアリティを失っていない。

フランス社会主義思想と現代

フランス革命とナポレオン帝政、および王政復古をへて登場したフランス社会主義の諸思想は、それぞれのめざすべき体制観によって異なった現代性をおびている。

まずサン＝シモンと彼の信奉者たちのめざしたのは、合理的・科学的な手法をもちいて中央集権型の「計画管理経済」を実施してゆく産業体制であった。これによって、社会の富の偏在や不労所得などは廃絶され、人の支配に代わる「物の組織的管理」の時代が到来すると考えられた。このエリートを中心としたテクノクラート型の社会主義は、今日の社会党政権にいたるまでフランスでは有力な思潮となっているようにみえる。

その体制構想とある意味で対極をなすのが、プルードンの、自立した「労働者の連合」によって中央集権的な国家を不用とするヴィジョンである。資本主義か社会主義かという体制選択の図式が以前のように明白な争点ではなくなりつつある今日、この「サン＝シモン vs プルードン」という主題は新たなリアリティをもちうるように思われる。

フーリエの社会主義はその発想の奇抜さから、ながらく敬遠されがちであったが、今世紀に入ってシュールレアリスト達によって再評価された。そして今日、それはポスト産業社会を先取りするヴィジョンではなかったかという声が高まっている。とくに人間の「情念解放」を重視した協同体思想は、彼のフェミニズム思想ともあいまって今後ますます注目されることになろう。

なお、トクヴィルの精神をひきつぐ自由主義の立場から、社会主義者たちと論陣を張った二十世紀の知識人としてレイモン・アロン（一九〇五―八三）をあげておこう。

ヘーゲルとマルクス

ドイツが生んだこの時代最大の思想家は、ヘーゲルとマルクスと言ってよい。二人の後世に及ぼした影響は、ポジティヴのみならずネガティヴな意味もふくめて絶大であった。彼らに共通するものは「歴史の進歩」思想であり、ヘーゲルは世界史を「自由の意識」が進展してゆく過程として、マルクスは被抑圧階級が抑圧階級を打倒してゆく過程として捉えた。こうした歴史観の共通性は、とくに歴史の進歩について懐疑的なニーチェやフロイトの思想（第六章2・3）と対比すれば、いっそうきわだってくる。

ところで、ヘーゲルは市民社会の矛盾解決を国家の手にゆだね、この考えはローレンツ・フォン・シュタイン（一八一五―九〇）の社会政策思想などに受けつがれたが、マルクスはどこまでも国家を支配階級の道具とみなし、社会問題の解決をプロレタリアートに託した。しかし両者の違いはそれだけではない。ヘーゲルが人間の疎外を認識の深化発展に不可欠の一契機と捉え、また芸術・宗教・哲学を社会理論の有限性を乗り越えるリアリティとして位置づけたのに対し、マルクスは疎外を資本主義社会における労働者の宿命として捉えなおし、芸術・宗教・哲学を経済的な下部構造に規定される上部構造と考えていた。

さて、ヘーゲルのもつ知的遺産をマルクスのヘーゲル批判を踏まえて生かそうという現代の試みは、たとえばフランクフルト学派のアドルノ（一九〇三―六九）らによってなされた。アドルノは、ヘーゲルの弁証法的な思考様式を、商品の物神性と意識の物象化が蔓延する大衆社会の批判のために不可欠とみなして「否定的弁証法」を唱え、アングロサクソン型の啓蒙（進歩）思想とは異なる啓蒙の論理を構想したのである（フランクフルト学派については、第七章2）。

マルクスに関していえば、彼の思想がはたしてエンゲルスの考えたように「科学的」であったのかどうか、またそれは真に「人間の解放」をもたらす内実を提供しているかどうか、今日、大いに問われねばならないだろう。マルクスは革命が資本主義の高度に進んだ先進国で起こることを予想し、資本主義（市民）社会の未成熟なロシアでは、先進国の革命と連携しないかぎり成就しないと予想していた。その意味でたしかに、彼自身の考えとレーニン以後のソビエト社会の進展（第七章1）は明白に区別されねばならない。しかしながら、「史的唯物論」を自明の理として革命を構想したマルクスが、はたしてどこまで社会における「人間の尊厳」をつきつめて考えていたのか疑問は残る。とくにプルードンの、各労働者の自由に基礎をおく連合主義をあくまで拒否し、「プロレタリアート独裁」という荒療治で国家の死滅と自由な社会の到来を謳うマルクスのヴィジョンは、その楽天性のみならずその空想性が批判されてもいたしかたないだろう。

ヒューム『人性論』（大槻春彦訳、岩波文庫。土岐邦夫訳、中公クラシックス）／『市民の国について』（小

松茂夫訳、岩波文庫)/『道徳・政治・文学論集』(田中敏弘訳、名古屋大学出版会)/『政治論集』(田中秀夫訳、京都大学学術出版会)

アダム・スミス『道徳感情論』(水田洋訳、岩波文庫。米林富雄訳、未来社。高哲夫訳、講談社学術文庫)/『国富論』(水田洋監訳、杉山忠平訳、岩波文庫。大河内一男訳、中公文庫。高哲夫訳、講談社学術文庫)

ケネー『経済表』(戸田正雄・増井健一訳、岩波文庫。平田清明・井上泰夫訳、岩波書店)

マンデヴィル『蜂の寓話』(泉谷治訳、法政大学出版局。鈴木信雄訳、日本経済評論社)

リカード『経済学及び課税の原理』(羽鳥卓也・吉沢芳樹訳、岩波文庫)

マルサス『人口の原理』(高野岩三郎・大内兵衛訳、岩波文庫。『人口論』永井義雄訳、〈世界の名著〉41。斎藤悦則訳、光文社古典新訳文庫)/『経済学における諸定義』(玉野井芳郎訳、岩波文庫)

リスト『政治経済学の国民的体系』(小林昇訳、岩波書店)

『人権宣言集』(高木八尺他編訳、岩波文庫)

ステュアート『経済学原理』(中野正訳、岩波文庫)

シェイエス『第三階級とはなにか』(大岩誠訳、岩波文庫。同訳、響林社文庫)

バーク『自然社会の擁護』(水田珠枝訳、〈世界の名著〉41)/『フランス革命についての省察』(水田洋訳、岩波文庫。二木麻里訳、光文社古典新訳文庫)

ペイン『コモンセンス』(小松春雄訳、岩波文庫)/『人間の権利』(西川正身訳、岩波文庫)

ベッカリーア『犯罪と刑罰』(風見八十二・風見二葉訳、岩波文庫)

ベンサム『道徳および立法の諸原理』(山下重一訳、〈世界の名著〉49。中山元訳、ちくま学芸文庫)/『道徳および立法の諸原理序説』(中山元訳、ちくま学芸文庫)

ミル『功利主義』(関口正司訳、岩波文庫)/『自由論』(関口正司訳、岩波文庫)/『アメリカの民主主義』(山下重一訳、未来社)/『女性の解放』(大内兵衛他訳、岩波文庫)

フィヒテ『フランス革命論』(桝田啓三郎訳、法政大学出版局)/『全知識学の基礎』(木村素衛訳、岩波文

庫）／『ドイツ国民への講和』（山脇直司監訳、栩木憲一郎訳、京都大学学術出版会）
シェリング『学問論』（勝田守一訳、岩波文庫）
フンボルト『ベルリン高等学問施設の内的ならびに外的組織の理念』（梅根悟訳、明治図書）
シュライエルマッハー『ドイツ的意味での大学についての随想』（梅根悟・梅根栄一訳、明治図書）
ヘーゲル『精神現象学』（金子武蔵・上妻精訳、岩波書店）／『エンチュクロペディー』（樫山欽四郎他訳、〈世界の大思想〉II 3、河出書房新社）／『法の哲学』（藤野渉・赤沢正敏訳、中公クラシックスI－II）／『歴史哲学』（武市健人訳、岩波文庫）／『政治論文集』（金子武蔵・上妻精訳、岩波文庫）
ランケ『世界史概説』（鈴木成高・相原信作訳、岩波文庫）
オーウェン『新社会観』（楊井克巳訳、岩波文庫）／『社会にかんする新見解』（白井厚訳、〈世界の名著〉42）／『社会制度論』（永井義雄訳、同）／『結婚・宗教・私有財産』（田村光三訳、同）
サン＝シモン『産業者の教理問答』（森博訳、恒星社厚生閣。坂本慶一訳、〈世界の名著〉42）／『新キリスト教』（森博訳、恒星社厚生閣）
フーリエ『四運動の理論』（巌谷国士訳、現代思潮新社）／『産業的協同社会的新世界』（田中正人訳、〈世界の名著〉42）／『産業の新世界』（福島知己訳、作品社）
プルードン『所有とは何か』（長谷川進訳『プルードンIII』、三一書房）／『連合の原理』（江口幹訳、同）／『労働者階級の政治的能力』（三浦精一訳『プルードンII』、同）／『十九世紀における革命の一般理念』（陸井四郎・本田烈訳『プルードンI』、同。渡辺一訳、〈世界の名著〉53）／『プルードン・セレクション』（河野健二訳、平凡社ライブラリー）
バクーニン『神と国家』（勝田吉太郎訳、〈世界の名著〉53）
トクヴィル『アメリカの民主政治』（井伊玄太郎訳、講談社学術文庫）／『アメリカのデモクラシー』（松本礼二訳、岩波文庫、第一巻上下）／『旧体制と大革命』（小山勉訳、ちくま学芸文庫）
フォイエルバッハ『キリスト教の本質』（船山信一訳、岩波文庫）
マルクス『ユダヤ人問題によせて・ヘーゲル法哲学批判序説』（城塚登訳、岩波文庫）／『経済学・哲学草

稿』（城塚登・田中吉六訳、岩波文庫）／『ドイツ・イデオロギー』（古在由重訳、岩波文庫。廣松渉編訳、河出書房新社）／『共産党宣言』（大内兵衛・向坂逸郎訳、岩波文庫）／『経済学批判』（武田隆夫他訳、岩波文庫）／『資本論』（向坂逸郎訳、岩波文庫。鈴木鴻一郎他訳、〈世界の名著〉54・55）／『ゴータ綱領批判』（望月清司訳、岩波文庫）

エンゲルス『反デューリング論』（村田陽一訳、国民文庫、大月書店）／『自然の弁証法』（菅原仰・寺沢恒信訳、国民文庫）／『家族・私有財産・国家の起源』（戸原四郎訳、岩波文庫）／『空想より科学へ』（大内兵衛訳、岩波文庫）／マルクス『フランスにおける階級闘争』序（中原稔生訳、国民文庫）

Ⅲ　現代

ヨーロッパの「現代」は、近代において理想視された理性的な「人間‐世界」観とは異質の思想が生まれて衝撃を与えたこと、そして多くの近代の思想家が信じたのとは逆に、科学や技術の発達が人類の福祉とは結びつかず、戦争やファシズムなどの野蛮を出現させ、人間の解放を謳ったマルクス主義がロシアでスターリニズムという暴政へ転化するという予期せぬ大きな出来事が起こったこと、などによって特徴づけられよう。以下ではその現代を、十九世紀後半からの新しい衝撃的な「人間‐世界」観の出現（第六章）と二十世紀における社会思想の展開（第七章）としてまとめてゆきたい。

第六章　理性的「人間‐世界」観への挑戦

すでにみたように近代啓蒙思想は、なかには例外もあったものの、おおむね「人間の理性」に特権的地位を与えてきた。人間理性が自然を支配して技術文明を生み（ベイコン）、自然諸科学を基礎づけ（デカルト）、政治社会のありかたを決定し（ロック、ヴォルテール、ペイン、カント、フィヒテ、ヘーゲル）、市民（経済）社会の歪みを変革する（オーウェン、サン＝シモン、プルードン、マルクス）といった考え方が、やはり近代では支配的であった。

それに対し、十九世紀後半からは、人間は「進化する自然の一部」にすぎないと説くダーウィン、またソクラテス以降の思想史はニヒリズムの歴史であり、「神の死」によってそれは頂点に達したと説くニーチェ、人間は理性によってではなく「無意識や本能」によって動かされると説くフロイトらが現われる。彼らの思想はその持続的な影響力からみても、まさに現代思想の始まりであり、近代の理性中心的「人間‐世界」観への挑戦という様相を呈している。

1　ダーウィニズムと社会進化論

十九世紀半ばすぎ、ヨーロッパの伝統的「自然－人間」観に対して大きな衝撃を与える思想が登場した。それがダーウィンの進化論である。

a　ダーウィンの進化論

近代生物学の歩み

ダーウィン以前の近代生物学について、まず簡単に触れておこう。古代のアリストテレスは生物学者でもあったが、近代に入るとデカルト流の生物機械論（第三章3参照）の浸透とともに生物学は物理学の影に隠れてあまり発展せず、ふたたび活発化したのは十八世紀以降のことである。

まずスウェーデンの博物学者リンネ（一七〇七―七八）は、自然界のあらゆる部分が神の計画に従ってそれぞれの役割分担を果たしているという信念にもとづき、種の分類を行なった。そのさい、彼は種が永遠にして不変であるとの前提に立っていた。それに対し、フランス啓蒙思潮期には、ラ・メトリの人間機械論のほか、ディドロの唯物論的な自然発生説、さらにはビュフォン（一七〇七―八八）の唯物論的な生物の生成史など無神論的な生物観が唱えられ、進化論の萌芽が早くもみられる。

だが、決定的なかたちで進化論とよびうる生物観を打ちだしたのは、ビュフォンの弟子ラマルク（一七四四―一八二九）である。彼は『動物哲学』（一八〇九）において、生物種は所与の環境に適応し「前進的」に変化・発達してきたと説いた。そしてよく用いられる器官ほどよく発達するという用不用説のほか、生物進化論の主要な要因として生物内部に生じる「欲求〔必要性〕」や「内的感情」を重んじた。ダーウィンの進化論はリンネの目的論はもとより、こうしたラマルクの進化論に反発して形成されてゆく。

生物進化論

イギリス産業革命の進展する時代に生きたダーウィン〔一八〇九―八二〕は、若いころビーグル号で七年にわたって世界周航を試みた。途中、ガラパゴス群島の生物群が、同種であってもほんの少し離れた島において機能や形態のうえで少しずつ変化していることに強い印象を受けた。そこから「自然淘汰〔自然選択 natural selection〕」によって新種がつくられることを推論し、一八五九年に『種の起原』を発表する。種はラマルクが言うような生物体の欲求によってではなく、外部環境が生物群のなかからその環境に適応した個体を選びとってゆく、そのようなしかたで変化すると考えた。したがって同種の個体はつねに「競争関係」に立ち、環境に適さないものほど早く死滅し、適応するものほど生きのびて多くの子孫を残すことになる。

このような自然淘汰〔自然選択〕にもとづくダーウィン進化論の背景には、神や聖書を必要とせずに地質の変化を説いたライエル〔一七九七―一八七五〕や、生存手段〔食糧〕をめぐる争いを描いたマルサスの影響、さらにはアダム・スミス流の自由放任思想が想定されている。いずれにせよ、種が神によって創られたのではなく、自然淘汰によって進化してきたとする自然観は、キリスト教になれ親しんできた人びとに大きな衝撃を与えるものであった。

「人間‐社会」論

『種の起原』では人間の問題はほとんど論じられていない。しかし一八七二年に発表された『人間の由来と性淘汰』という、より衝撃的な書において、ダーウィンは人間が他の動物から進化してきたこと、したがって人間と動物の違いよりも共通性が認識されねばならないことを強調した。彼によれば、人間の身体や器官には消し去ることのできない多くの下等動物の痕跡がみられる。また高等動物も、程度の差こそあれ人間同様に、さまざまな心の働きを示す。たとえば嫉妬、懐疑、競争、感謝、度量、復讐、好奇、嘲笑、ユーモア、模倣、注意、熟考、選択、記憶、想像等々。仲間に対する同情や奉仕などの「社会的本能」も、すでに動物の段階で発達している。

このような人間と動物に共通の現象を、ダーウィンはホッブズのように「自然状態＝戦争状態」とはみなさず、彼のいう「社会的本能」も、むしろヒュームやスミスのいう「共感」に近いようなものと言ってよい。しかし他方で、動物界での雌をめぐる雄同士の闘いや食肉人種の例にも言及しており、ルソー流の自然状態＝調和としての「自然」をも否定している。彼の「人間‐社会」観は、性善説でも性悪説でもなく両義性をおびていた。

b　社会進化論

スペンサーの社会進化論

神学を否定して世俗社会の進歩を説く思想は、重農主義者のテュルゴーや、その弟子コンドルセ（一七四三‐九四）など、すでに十八世紀のフランス啓蒙思潮で流行していた。また十九世紀に入るとサン

＝シモンの弟子でもあったコントが、人間の精神が神学的段階から形而上学的段階をへて実証的段階へ進歩するという三段階説を唱えた。だがこうした神学なき進歩思想が社会進化論として流行しはじめるのは、ダーウィンの同時代人スペンサー（一八二〇―一九〇三）によってである。

スペンサーは、ダーウィンに先立って「進化論」ということばを用い、星雲から人間社会にいたる万物の進化を説く「総合哲学」をくわだてた。万物の進化法則を単純なものから複雑なものへの変化とみなして、とくに社会のレベルにおいては、変化する条件に適応する人は生き残り、適応しない人は滅びるという「最適者生存（survival of the fittest）」の法則を掲げた。また有機体としての社会は、軍事型のハードな社会から産業型のソフトな社会に移行する必然性をもっており、国家はこの社会法則に干渉することなく自由放任（レッセ・フェール）政策を採るべきである、というのがスペンサーの社会進化論であった。

社会進化論をめぐる論争

このような社会進化論が、十九世紀末から今世紀にかけて、さまざまな議論を巻きおこした。まずスペンサーの友人であり、若い頃はダーウィンの番犬として活躍したトマス・ハックスリー（一八二五―九五）は、進化の法則は苛酷な「弱肉強食」であり最適者とは強者にほかならないがゆえに、スペンサーのような自由放任政策ではなく、進化法則に逆らうような倫理や社会政策が採られねばならないと主張した。

一方、ロシアのアナーキスト、クロポトキン（一八四二―一九二一）は、ハックスリー流の進化論解釈に反対して、進化の法則は、生存競争ではなく「相互扶助」にもとづいており、その自然な原理に逆らうような不必要な国家を打倒すべきことを唱えた。これはプルードンやバクーニンらの思想を、ダーウィニズムによって強化するものであった。

逆に、ドイツのヘッケル（一八三四—一九一九）やわが国の加藤弘之（一八三六—一九一六）は、「優勝劣敗」を自然の進化法則とみなしてそれを肯定する、古代ギリシアのカリクレスを思わせるような強権主義者であった。「ソーシャル・ダーウィニズム」という名は彼らにこそふさわしい。こうした優勝劣敗思想の延長線上に、イギリスのゴルトン（一八二二—一九一一）によって始められた「優生学（ユーゼニクス）」があり、それはドイツのプレッツ（一八六〇—一九四〇）らによってナチスの人種政策に利用される帰結をもたらした。

なお、フランスでは、「生の躍動（エラン・ヴィタール）」にもとづいて「創造的進化」や「開かれた社会」を論ずるベルクソン（一八五九—一九四一）が現われ、哲学界に大きな影響を及ぼした。

社会生物学

ところで、ダーウィン自身はメンデル（一八二二—八四）の遺伝学をほとんど知らなかったため、自然淘汰というメカニズムを科学的に説得力をもって説明できなかったが、一九三〇年代に入って両者を総合する「ネオ・ダーウィニズム」が生まれる。さらに、一九五二年にＤＮＡの二重らせん型構造が発見され、還元論的な色彩を強めてゆくなかで、七〇年代には「社会生物学」と称する学問が登場した。これはアメリカの生物学者ウィルソン（一九二九—二〇二一）やイギリスのドーキンス（一九四一—　）

らによるもので、遺伝子が人間をふくむ動物の行動を基本的に利己的たらしめていると主張する。動物界にみられる利他的行動の多くは形を変えた利己的行動にすぎず、人間や動物の行動はどこまでも利己心がベースになって、そのうえで共倒れにならないような戦略がつくられている、と説くのである。

こうした考えに対して、同じ動物学者のグールド（一九四二―二〇〇二）は、社会生物学がかつての強権主義のような危険な帰結をもたらしかねないと批判したが、ウィルソンらはそれは的はずれだと応酬している。いずれにせよ、カリクレス、マキアヴェリ、ホッブズ、スミス、ベンサムらによって論ぜられてきた人間の「利己心」というテーマが、現在、もともと理科系に属する社会生物学者によって論議されはじめたのは興味深い。その意味でも、ダーウィンの社会思想史への貢献は過小評価すべきではないだろう。

2　ニーチェとヨーロッパのニヒリズム

ダーウィンが自然観を軸として理性中心的世界観に非を唱えたとすれば、人間の精神性を軸としてこれに挑戦した十九世紀後半の思想家がニーチェであった。すでに一八四〇年代にはキリスト教思想家キルケゴール（一八一三―五五）が出て、ヨーロッパ精神の危機と信仰によるその救済を訴えたが、ニーチェの思想は、キリスト教そのものの死を謳う点で、より衝撃的な内容をもっていた。

a　ショーペンハウアーの解脱思想

カントからニーチェにいたる十九世紀ドイツ精神史の大きな転換を媒介する思想家は、ショーペンハウアー（一七八八―一八六〇）である。彼は『意志と表象としての世界』（一八一九―四四）において、カント以降のドイツ観念論をすべてカントからの逸脱とみなした。フィヒテのように非我を克服する自我の働きからでも、ヘーゲルのように客体（対象）と和解する精神の働きからでもなく、彼は知覚にもとづいて現われる外界対象のイメージ、すなわち「表象」から出発する。カントのいう物自体を自我や精神の働きに還元することなく、客観としての物自体の自立性を認めつつ、主観にとっての立ち現われを表象とよぶのである。

だが彼の思想のオリジナリティは、物自体の背後に「意志」を想定し、その意志によって人生の苦悩が生ずるとした点にある。ここで意志とは、単なる人間の意志に限られず自然界に働くいっさいの力をも意味している。たとえば植物のうちに働く力、結晶を形づくる力、磁石を北極へ向ける力、異なった金属が触れあって磁石を引きつける力、分離・結合する力、重力等々はすべて、彼にとって意志のなせる業《わざ》とみなされる。その意志は盲目的・非理性的で混沌としており、論理的にはほとんど究明しえないものとして表象される。世界はつねにこの意志の闘争の場であり、それゆえ人生は「苦悩」に満ちているのである。芸術、とくに音楽は一時的な慰めとなるが、究極的には苦悩の根源たる意志を否定する以外に道はない。

こうしてショーペンハウアーは、「意志の否定」による苦悩からの「解脱」を説いた。もし倫理学が可能とすれば、それは人びとの苦を分かちあう連帯にもとづかねばならず、いっさいの自己愛の否定と隣人への奉仕を要求する。それこそがインドの聖者のみならずキリスト教の聖者にも共通してみられる真理なのである。

b　初期ニーチェ

『悲劇の誕生』

こうしたショーペンハウアーの思想は最初ほとんど注目されず、一八四八年の革命が失敗してからようやく人口に膾炙していった。古典ギリシアの文献学者として出発した若きニーチェ（一八四四―一九〇〇）は、ショーペンハウアーの苦悩と音楽による慰めという思想に傾倒しつつ、ワーグナー（一八一三―八三）の音楽に啓示される。それはギリシア悲劇の偉大な神話的世界を、矮小なドイツ小市民文化のなかに再興させるものと映ったのである。

この二人の影響のもとにニーチェは、バーゼル大学教授のとき処女作『悲劇の誕生』（一八七二）を著わした。この書は、芸術を可能ならしめる二つの根本的衝動を「アポロン的」と「デュオニソス的」と規定し、この二つの調和こそ真に力強い芸術を形成することを謳った芸術哲学である。アポロン的衝動とは、「美しい節度あふれる仮象の世界を夢みる」ことによって「個体を浄化」し、生存の苦悩を克服しようという衝動であり、あらゆる造形芸術を創造する母胎となる。他方、デュオニソス的衝動は、「個体の限界を打ち破る」ことによって、生存の根底にひそむ苦悩と歓喜に満ちた「根源的一者との一体感」を達成しようという衝動であり、非造形的な芸術、とりわけ音楽の創造の母胎となる。ギリシア悲劇の素晴らしさは、舞台上で視覚化された演劇行為すなわちアポロン的なものと、その背後で悲劇を歌う合唱隊（コロス）すなわちデュオニソス的なものとが、たがいに補完しあい調和しているところにある。

このような芸術観に立って、ニーチェはこのギリシア悲劇の素晴らしさが、ソクラテス以降の理性中心的思考によって破壊され、堕落したと告発する。すなわちソクラテスが理性に絶対的価値をおき、それをプラトン以降の形而上学が模倣したために、アポロン的なものだけが優先されることになり、これと一体化して力強い芸術をつくりあげていたデュオニソス的なものは、単なる頽廃や野蛮なものに転化していった。

こうしたニーチェの見方は、ソクラテスが答ある理論を決してつくらずに「無知の知」をばねとしたあくなき対話に生きたことを想起すれば（第一章2参照）、あまりに一面的な裁断であろう。にもかかわらずニーチェはこの見方を生涯にわたってつらぬき、ソクラテス以前のギリシア悲劇のもつ力強いリアリティを復権すべく自らの思想を強化してゆく。

歴史学批判と「生の哲学」

『悲劇の誕生』によってニーチェは、古典ギリシア文献学の同僚たちから非学問的な虚言屋というレッテルを貼られることになった。それに対して彼は、過去の歴史や文献を単に再構成するだけでは骨董屋と変わりはなく、過去を現在の生の高揚に仕えるやりかたで再構成してこそ、真の歴史的考察は可能なのだと反駁してゆく。歴史を科学的に捉えるという当時支配的であった学問観は、現在を生きる主体の生を脆弱にするだけであり、「現在の生の高み」からしてはじめて過去のものを解釈できる。このような確信にもとづいてニーチェは、当時の歴史主義的な思想一般に対峙していった。かつて心酔したワーグナーが小市民層にへつらう態度をみて彼と訣別し、またショーペンハウアーのあまりに厭世的な世界観とも袂を分かち、意志の力強い復権によって生の高みへ登りつめる本格的な思想を開始するのである。

c　後期ニーチェ

「神の死」とニヒリズム

一八八〇年代に入ってニーチェは、ヨーロッパにおける「神の死」とニヒリズムを宣言する。もともと弱者のモラルにすぎなかったものの、これまでヨーロッパを支配してきたキリスト教的ニヒリズムは、今や信ずるに値しなくなった。人びとが率先して神を殺してしまったのであり、代わりに登場したのがニヒリズム、すなわち「最高の価値が無価値となり、目標の欠けている精神状態」、換言すれば「何のためという問いに対する答のない状態」である。

だが、重要なのは二種類のニヒリズムを区別することであるとニーチェは言う。一つは精神力の衰えと後退としての「受動的ニヒリズム」であり、もう一つは精神の上昇力への兆候としての「能動的ニヒリズム」である。前者がショーペンハウアーの諦観思想であったとすれば、後者こそニーチェが採る思想であり、これを彼はつねに自己を超えてゆく超人『ツァラトゥストラ』や『権力への意志』として描きだす。能動的ニヒリズムは、いっさいの進歩思想を幻想として退け、ソクラテス以前の悲劇がもっていたリアリティの永劫回帰を謳う。またそれは『善悪の彼岸』をめざし、規範的理性についてもいっさい論ぜず、利己的・利他的という区別そのものを生の衰退の所産とみなす。生の高みにおいて、小市民的道徳は侮蔑の対象とされるのである。

こうしてニーチェにおいて歴史の向きは逆転する。思想内容の違いを超えて、ヘーゲル、マルクス、コント、スペンサーにおいては進歩として捉えられた歴史が、生の衰退の顕在化してゆく過程として捉えられた。

ニーチェと現代

科学や生産力の進展が人類を福祉に導くという進歩史観を裏切るかのように、一九一四年にヨーロッパは大きな戦争に突入する。この戦争は、キリスト教の普遍性（カトリシティ）の破綻のみならず、マルクス主義のインターナショナリズムの破綻を意味していた。そしてこの時点で、同時代人にほとんど受け入れられなかったニーチェの思想がよみがえり、知識人に対する影響力がはっきり現われてきた。たとえばシュペングラー（一八八〇―一九三六）は、大戦後に『西洋の没落』を公刊し、二十世紀初めのヨーロッパ文明はかつてのヘレニズム文明の末期と同じような現象を来たしていると論じた。

ニーチェの影響はさらにナチズムの抬頭と第二次大戦への突入によって増大していった。ドイツの哲学者ハイデガー（一八八九―一九七六）は、プラトン以降のヨーロッパ形而上学の歴史を思惟の頽落史とみて、ニーチェをその完成者と位置づけた。このニーチェからハイデガーへと継承されたヨーロッパ思想の頽落の歴史は、一九七〇年以降、フーコー（一九二六―八四）やデリダ（一九三〇―二〇〇四）ら、ひとくちに「ポスト構造主義者」ないし「ポスト・モダニスト」とよばれるフランスの思想家に多かれ少なかれ影響を与えたように思われる。このような精神状況もからんで、ドイツの思想家ハーバーマス(一九二九―　)は、ニーチェをポスト・モダン思想の先駆者に見立てている(ポスト・モダンについては第七章3参照)。

ここでふたたび後期ニーチェに戻るならば、その思想はたしかに二十世紀のヨーロッパ精神の頽廃を鋭く突いていた。しかし社会思想の観点からみれば、いっさいの社会制度の規範的根拠づけを放棄して超人や権力への意志に救済を求める彼の思想は、古代ギリシアのソフィストと同じような難点をかかえているといわねばなるまい。ニーチェは弱肉強食のイデオローグではなかったが、少なくともそれを批判する論理を欠いていた。

3　フロイトの「人間‐文化」論と精神分析

二十世紀を迎えると、まずフロイトによって理性中心的な「人間‐世界」観への異議が唱えられた。リベラルなユダヤ人家庭に生まれ育ったフロイト(一八五六―一九三九)は、ウィーン大学医学部に進み、ダーウィン流の進化論と唯物論的生命論を信奉していたブリュッケ(一八一九―九二)のもとで、経験的事実を厳密に観察し、それを技術的に処理する方法を学んだ。その後、パリでシャルコー(一八二五―九三)に学んでヒステリー研究に開眼し、帰国して独自の精神分析家として一人立ちした。

a　前期フロイト

抑圧・夢・リビドー

ウィーンで神経病医を始めたフロイトは、「自由連想法」という手法でヒステリー患者の根本治療を模索し、幼児期のさまざまな抑圧が神経症の大きな要因となっていることに気づく。意識下で眠っていた抑圧が表面上に現われ、ヒステリーが生ずるとみなしたのである。その成果は一八九五年、先輩のブロイアーとの共著で発表されたが、学界の反応は冷たく、ブロイアーは共同研究を離れたため、フロイトは四年ほどフリースなる人物と親交を結ぶ。そしてこの人物を主治医と見立てて、自分自身の深層心理を洗いざらい打ち明ける多くの手紙を書いていった。単に患者を客観的に観察するだけでなく、自分自身の心理を分析し解釈することによって精神分析の方法を切り拓いていったのである。

いわば彼の精神分析宣言ともいうべき『夢解釈』（一九〇〇）では、夢を「隠れた願望充足」とみなし、夢に現われる象徴を夢見る人物の内的歴史性と関連させた。夢解釈は、人間の実生活と無縁な非合理的なものではなく、逆に人間の深層心理に存在する無意識的なものを知るための王道とされたのである。それにつづく『日常生活の精神病理』では、人間の日常生活での小さな失錯も、当人の無意識に深く根ざしていることをさまざまな例をもとに描きだした。

一九〇五年に出た『性に関する三つの分析』は、幼児にも性欲が存在し、それが段階的に発展するという説を唱えて、当時の保守的な人びとのあいだにセンセーションを引きおこした。幼児は身体の各粘液部位に性感帯をもち、それは口唇・肛門、尿道・男根の順で発展してゆくが、その過程になんらかの歪みがあった場合、大人になってからの性倒錯の誘因となる。このような性欲論のもとにフロイトは、人間に特有の性衝動を「リビドー」と名づけた。リビドーは性本能のエネルギーであり、以後、フロイト精神分析のきわめて重要な基礎概念となっていった。

社会規範の起源

フロイトはさらに、人間精神の抑圧現象として「エディプス・コンプレックス」に着目する。それは彼自身が体験した複雑で不安な心理状態でもあったが、異性の親に対する愛着、同性の親への敵意とそれによって罰せられる不安との三要素からなり、これらをどのように解消するかで、その人の性格も決まると考えた。

フロイトによれば、このエディプス・コンプレックス論は単に個人の性格形成の問題だけに限定されず、いっさいの社会・文化・宗教・芸術の基礎をなす。一九一三年の『トーテムとタブー』では、原始人にみられるトーテミズムをエディプス・コンプレックスで説明し、つぎのように人間社会の起源を説いた。支配者として権力をふるった原父を殺した原住民は、罪悪感から原父に見立ててトーテムをつくり、トーテムに属する動物を殺生しないことと、その種族内の男女の性交を禁じて外婚制を採ることを誓った。それが社会規範の起源であり、そこに定められたタブーが今なお社会原理として現代人を拘束している、と。彼はこのような社会論によって、動物と人間の質的連続性を強調したダーウィンを乗り越えようと試みた。人間のエディプス・コンプレックスとそれに端を発するタブーに、動物との質的違いをみようとしたのである。しかしこの考えは、当時の人類学者フレーザー（一八五四—一九四一）らのトーテム研究と自らの心理体験を強引に結びつけようとするもので、今日ではあまり評価されていない。とくにレヴィ＝ストロースらの文化人類学者は、トーテミズムそのものを逆に現代人の幻想として退けている。とはいえ、この書によってフロイトは視野を社会の抑圧現象にまで広げ、精神分析は社会思想としても自らを定位したのである。

b　後期フロイト

一九一四年に勃発した第一次世界大戦は、フロイトにも強い衝撃を与えた。彼は『戦争と死に関する時評』を記して、この戦争が人類固有の財産を破壊する蛮行であると非難し、文明化された諸民族が安易に憎しみあい、批判能力を失った市民がすすんで国家に隷従してゆくありさまに、深い幻滅の意を表明する。これ以後、より悲観的な人間論と文化論を展開するようになった。

人間の深層構造

一九二〇年の『快感原則の彼岸』において彼はそれまでの性欲中心的な人間論を軌道修正し、「エロス（生の本能）」と「タナトス（死の本能）」というカテゴリーによって人間心理を捉えなおす。エロスが物事を組織づけ、まとめて大きく発展させるのに対し、タナトスは物事を解体し、無に帰そうとする本能をいう。戦争にみられる人間集団の破壊性によってタナトスの存在が証明されるとし、一見合理的な秩序をもつかにみえる近代国家も、その根底においては原始社会となんら変わりない破壊衝動の抑圧から成り立つとみなした。

さらに『エゴとエス』（一九二三）において、人間の心を、エス・エゴ・スーパーエゴの三層によって説明してゆく。「エス」とは、快感原則のみに従い、ひたすらその充足を求めるところの本能的・欲動的・無意識的な心の部分である。つぎに「エゴ」（自我）とは、思考過程の導入によってエスを満足させたりコントロールする心の部分で、それは荒馬を制御する騎手のような働きをもつ。「スーパーエゴ」（超自我）とは、このエゴを監視する役割を果たすところの心の部分で、両親や学校での道徳的影響によって成立した良心や罪の意識となって現われ、エディプス・コンプレックスの解消もこれによってなされると考えられる。この三層構造は一見してプラトンの魂の三分法（第一章3参照）を思わせるが、スーパーエゴを「理性」とよばないところに大きな特徴がある。ダーウィンやニーチェと同じく、フロイトにとっても理性は無意味なカテゴリーであった。

文化ペシミズム

後期フロイトは、人間が生みだす文化についても悲観的な診断を下す。すでにみたように、彼にとって社会とは太古の昔より現代にいたるまでタブー伝達の場であり、社会の歴史は「抑圧の歴史」であったが、その抑圧は文明が進めば進むほど大きくなり、「タナトス」の増大を生む。『文化における不快なもの』（一九三〇）は、そうした彼の文化ペシミズムを語っている。

フロイトは文化を、「自然に対する人間の関係および人間相互の関係の規制に役立つ成果と制度の総称」と定義したうえで、文化の発達が性の抑圧とタブー、そして人間の破壊衝動を増大させると論ずる。人間は幸福を得たいと望んでおり、抑圧から逃れるために宗教や共産主義思想にたよろうとするが、それは幻想への逃避以外のなにものでもない。キリスト教の説く隣人愛は文化の発達とともにますます実現困難になっており、共産主義者のいう私有財産の廃止も人間の攻撃衝動に対してなんらの解決とはならない。では、人間はいったいどのように事態に対処すべきであろうか。フロイトは総じてきわめてペシミスティックな見解を保持しつつ、この書の末尾で、危機を乗り越えるための課題としてエロスが人間の攻撃本能にうちかつべく努力することをあげている。

だが一九三三年、ドイツにはナチ政権が誕生し、ユダヤ人であったフロイトは三八年にはオーストリアを追われ、イギリスに亡命を余儀なくされた。

c　精神分析の諸潮流

このようにフロイトは従来の理性中心的な「人間世界」観をくつがえす衝撃的な著作を発表してきたが、今世紀には、その影響を受けつつも彼とは袂を分かつ精神分析がつぎつぎと登場した。

ユングの分析心理学

まずフロイトと直接に仲違いした人物として、アドラー（一八七〇―一九三七）とユング（一八七五―一九六一）があげられる。アドラーは、劣等感を克服するための意志の働きという視点から精神分析の修正をはかったが、ユングは独自の「人間世界」観によって精神分析を宗教思想にまで高めていく。

スイスに生まれ、バーゼル大学に学んだのちチューリッヒ大学の助手となったユングは、フロイトの著作を通して一時期その影響を受けるが、そのあまりに性欲中心的な無意識論に不満をおぼえ、分析心理学と称する独特の精神分析を開拓していった。ユングによれば、フロイトが生理学的観点からネガティヴに捉えた人間の無意識には、超個人的で、人類学的な普遍性の次元がふくまれている。それを彼は「元型（Archetyp）」と呼び、各文化圏の人びとによって多様な広がりをみせるが、同時に人類レベルで普遍的に了解されうるものとみなした。人間の心は、意識を基盤とする「エゴ」と無意識を基盤とする「自己（Selbst）」からなり、その心の外的現われが「ペルソナ（仮面）」で、内的現われが「アニマ・アニムス」である。そして人間精神の発達は、各個人がエゴの殻を打ち破って普遍的な自己を実現させるところに生まれる。分析心理学は、そうした各人の自己実現のために、夢、想像、描画などを通して各人の精神状態を分析し、助言する精神療法をあみだしていった。

このようにユングは、ヨーロッパ文化を相対化し、あらゆる文化に開かれた学問の呈示を試みたこともあって、今日ではむしろヨーロッパ以外の国々で高く評価されている。

ビンスワンガーの現存在分析

同じスイス人のビンスワンガー（一八八一―一九六六）は、フロイトの自然主義的な人間観を批判し、それをより哲学的な人間論で置きかえる。彼によれば、フロイトはあまりに当時の自然科学的また機械論的思考にとらわれていたため、人間本来の全体像を見失っていた。エス・エゴ・スーパーエゴという三層からなる彼の人間論は、人間を「生きた主体」としてではなく、科学的に観察可能な客体とみなす点で誤っている。ビンスワンガーはここから、フッサールの現象学やさらにはハイデガーの現存在分析を導入して、「現存在分析（Daseinsanalyse）」と称する独自の精神分析を展開していった。

なお、同じくやはり哲学的な方向に精神分析を定位づけたドイツ語圏の著名な人物として、ナチの強制収容所の体験をへて「ロゴテラピー（真理療法）」を唱えたフランクル（一九〇五―一九九七）、精神病理学から出発してキルケゴールの影響のもとに実存哲学を唱えたヤスパース（一八八三―一九六九）を挙げておこう。

ラカンの構造主義心理学

フランス語圏での精神分析は、ラカン（一九〇一―八一）の構造主義的心理学によって独自の展開をみせる。彼はフロイトの抑圧論を補完すべく、「意味するもの（signifiant）」と「意味されたもの（signifié）」という範疇を導入し、また人間の自己形成を、幼児が鏡に映る自分の姿をみて自我概念をつくることになぞらえ、それを「鏡像段階（stade du miroir）」と名づける。そして精神療法の本質を、患者も医師もいっさいの自我の幻想を取り払い、患者における「意味する」言行と無意識の「意味されたもの」との関連が何であるのか、虚心につきとめることとみなした。

ところでこのような自我幻想論は、レヴィ＝ストロースの「構造主義人類学」やアルチュセール（一九一八―九〇）の「構造主義的マルクス主義」とともに、フランスでの「コギト」の哲学に対する大きな挑戦となりうるものであった。こうした挑戦に対し、人間主体を擁護する哲学者リクール（一九一三―二〇〇五）は、フロイトの精神分析をヘーゲル流の精神現象学＝人間形成の論理と接ぎ木するような「深層解釈学」を提唱している。これらのほかにも、フロイトの「人間文化」論のまいた種は多くの所でさまざまな花を咲かせているが、彼の文化論を社会批判の論理として定位づけたドイツのフランクフルト学派については次章で取り上げることにしよう。

ラマルク『動物哲学』(小泉丹訳、岩波書店)
ダーウィン『種の起原』(八杉龍一訳、岩波文庫)/『人間の由来』(長谷川眞理子訳、講談社学術文庫)
スペンサー『進歩について』(清水禮子訳、〈世界の名著〉46)
クロポトキン『相互扶助論』(大杉栄訳、同時代社編集部増補修訂、同時代社)
加藤弘之『人権新説』(〈日本の名著〉34、中央公論社)
ベルクソン『創造的進化』(真方敬道訳、岩波文庫)/『道徳と宗教の二源泉』(平山高次訳、岩波文庫。森口美都男訳、中公クラシックスⅠ-Ⅲ)
ウィルソン『人間の本性について』(岸由二訳、ちくま学芸文庫)
ドーキンス『利己的な遺伝子』(日高敏隆他訳、紀伊國屋書店)
グールド『ダーウィン以来』(浦本昌紀・寺田鴻訳、早川書房)/『人間の測りまちがい』(鈴木善次・森脇靖子訳、河出書房新社)
キルケゴール『死にいたる病、現代の批判』(枡田啓三郎訳、中公クラシックス)
ショーペンハウアー『意志と表象としての世界』(西尾幹二訳、中公クラシックスⅠ-Ⅲ)
ニーチェ『悲劇の誕生』(秋山英夫訳、岩波文庫。塩尾竹男訳、ちくま学芸文庫。西尾幹二訳、中公クラシックス)/『反時代的考察』(井上政次訳、岩波文庫。小倉志祥訳、ちくま学芸文庫)/『ツァラトゥストラはこう言った』(氷山英廣訳、岩波文庫。吉沢伝三郎訳、ちくま学芸文庫)/『ツァラトゥストラ』(手塚富雄訳、中公クラシックス)/『道徳の系譜』(木場深定訳、岩波文庫)/『善悪の彼岸』(木場深定訳、岩波文庫)/『善悪の彼岸　道徳の系譜』(信太正三訳、ちくま学芸文庫)/『権力への意志』(原佑訳、ちくま学芸文庫)
シュペングラー『西洋の没落』(村松正俊訳、五月書房)
フロイト『夢判断』(高橋義孝訳、新潮文庫)/『性欲論』(懸田克躬訳、〈フロイト選集〉5、日本教文社)

／『自我論』（井村恒郎訳、〈選集〉4）／『精神分析入門講義』（高田珠樹他訳、岩波文庫）／『幻想の未来／文化への不満』（中山元訳、光文社古典新訳文庫）／『人はなぜ戦争をするのか　エロスとタナトス』（中山元訳、光文社古典新訳文庫）／『精神分析学入門』（高橋義孝他訳、新潮社）

ユング『現代人のたましい』（高橋義孝・江野専次郎訳、〈ユング著作集〉2、日本教文社）／『こころの構造』（江野専次郎訳、〈著作集〉3）／『人間心理と宗教』（濱川祥枝訳、〈著作集〉4）／『タイプ論』（林道義訳、みすず書房）／『分析心理学』（小川捷之訳、みすず書房）／『自我と無意識の関係』（野田倬訳、人文書院）／『夢分析論』（横山博監訳、大塚紳一郎訳、みすず書房）

ビンスワンガー『現象学的人間学』（荻野恒一他訳、みすず書房）

フランクル『夜と霧』（池田香代子訳、みすず書房）／『死と愛』（霜山徳爾訳、みすず書房）

ヤスパース『新・精神病理学総論』（山岸洋解題・訳、学樹書院）／『精神病理学原論』（西丸四方訳、みすず書房）

ラカン『エクリ1』（宮本忠雄他訳、弘文堂）

リクール『フロイトを読む』（久米博訳、新曜社）／『解釈の革新』（久米博他訳、白水社）

レヴィ=ストロース『野生の思考』（大橋保夫訳、みすず書房）／『トーテミズムとは何か』（仲沢紀雄訳、みすず書房）

アルチュセール『甦るマルクス』（河野健二他訳、人文書院）

第七章　社会思想の二十世紀的展開

前章では、十九世紀半ばすぎから二十世紀前半にかけ、近代の理性中心的「人間‐世界」観に挑戦した三人の思想家とその今世紀における影響力を概観した。終章では、今世紀特有の社会的出来事や社会現象と密接に結びついた諸思想を取り上げてゆきたい。

二十世紀はまさに激動の世紀であったといえよう。とくに前半のヨーロッパ史は、一九一四年に起こった第一次大戦、大戦中に勃発したロシア革命とそのスターリニズム的変質、二九年から三四年にかけての世界大恐慌、二六年のイタリア・ファシズム体制と三三年のドイツ・ナチズム体制の成立、そして第二次大戦への突入など、歴史がロックやヘーゲルのいう理性や自由の自己実現の場であるどころか、ニーチェが予言し、フロイトが見抜いたように、人間の文化的退行現象があらわになってゆく過程であったといえる。

実際、それらの出来事は多くの思想的課題をもたらし、そして二十世紀後半においても新しい課題は続出している。このような状況にかんがみ、本章では今世紀の思想史を、まず「マルクス主義の発展と凋落」というかたちで、つぎに「大衆社会論」と「批判的社会理論」というかたちでそれぞれまとめ、最後に、世紀末を迎えた現代社会がかかえる課題を包括的な視点から捉えてみたい。

I　マルクス主義の発展と凋落

マルクス主義のレーニン的継承によるロシア革命の実現と、そのスターリニズムへの転化、そして最近のソビエト連邦の崩壊は、今世紀のもっともドラマティックな社会史的出来事であった。

まず天才的革命思想家レーニンによって、マルクス主義が資本主義の未熟なロシア社会の革命に適用され、ソビエト政権を樹立するにいたった。しかしこの劇的出来事は、レーニンの楽観的な国家死滅論とは裏腹に、彼の死後スターリンによって「一国社会主義」として定式化され、貧農や労働者の大量粛清をふくむ恐るべき独裁体制へと変化し、さらに第二次大戦後は東ヨーロッパ諸国の悲劇を生みだしてゆく。

この悲劇的体制はスターリンの死後、フルシチョフ（一八九四―一九七一）などによって若干緩和されたものの、ブレジネフ（一九〇六―八二）体制を通じてその後もソビエトと東欧諸国を支配しつづけ、ようやく一九八五年にいたって、ゴルバチョフ（一九三一―二〇二二）のペレストロイカ（立て直し）とグラスノスチ（情報公開）政策によって決定的な終焉を迎える。八九年には東欧諸国で、九一年にはソビエトで、それぞれ共産党政権が打倒ないし解体されていった。

このマルクス主義→レーニン主義→スターリン主義→東欧民主革命とソ連邦の解体という劇的変遷をどのように理解し、解明するかという問題は今後、大いに論じられてゆくであろうが、とりあえず本章ではレーニンの基本的思想を浮き彫りにし、彼とは異なる西欧マルクス主義の諸思想をまとめ、最後にその凋落をもって総括することにしよう。

a　レーニンの思想とロシア革命

ツァーリズムの圧政下にあった十九世紀のロシアでは、ゲルツェン（一八一二―七〇）やチェルヌイシェフスキー（一八二八―八九）らの知識人の提唱によって「ナロードニキ」とよばれる民衆啓蒙運動が始まっていた。この運動は農民解放を直接の目的としていたが、農民たちの関心はうすく、しだいに観念的で独善的な色彩を濃くしていった。そのような状況のなかでウラジーミル・イリイチ・ウリヤーノフ、のちに別名レーニン（一八七〇―一九二四）は、ナロードニキとは異なった独自の革命理論をマルクス主義を採用しつつ打ち立てていった。

前衛政党による指導

十七歳のとき、ナロードニキ運動に参加していた兄を処刑で失ったレーニンは、早くから革命意識にめざめ、大学から危険人物として追放されたのちも独学でマルクスとエンゲルスの思想を吸収していった。処女作ともいうべき『人民の友とは何か』では、独善におちいりがちなナロードニキを批判し、ひろく農民や労働者との連帯を説いた。一八九五年に逮捕され、シベリアでの流刑生活をへてヨーロッパへ脱出すると、プレハーノフ（一八五六―一九一八）とともに新聞「イスクラ」を刊行、『何をなすべきか』（一九〇二）を手はじめにつぎつぎと革命のプランを発表してゆく。

かつて感銘を受けたチェルヌイシェフスキーの小説と同名のこの論文において、レーニンは労働者の「自然発生的」な運動を批判し、労働者を革命へ導くための「前衛党」の意義を説く。労働者階級は、そのままではせいぜい労働組合的な意識をつくりだせるだけであり、社会革命の意識には到達できない。大切なのは、資本家に対する経済闘争の枠にとどまらぬ革命的な展望をもった階級闘争であり、そのためには職業的な革命家集団からなる前衛政党によって労働者の教育がなされねばならない。プロレタリアートが体系的にマルクスの革命理論を学習してこそ、ブルジョアジー（資本家階級）のイデオロギーに対抗できると訴えていった。

こうして彼は、マルクスとエンゲルスの構想においてはほぼ一体化していた「労働者階級」と「前衛政党」を区別して捉え、後者による前者の指導を社会革命のために不可欠とみなした。またマルクスとエンゲルスにおいて、現実の社会関係を隠蔽する観念形態としてネガティヴな意味で使われた「イデオロギー」にポジティヴな意味をも付与し、マルクス主義をブルジョアジーに対抗するプロレタリアートのイデオロギーとみなす。経済という下部構造の論理だけでは革命への展望は拓かれず、前衛政党の指導のもとにプロレタリアートのイデオロギーを身につけてはじめて革命は可能になる、これが明確なレーニン主義の始まりであった。

ボリシェヴィズムの二段階革命論

レーニンは一九〇三年、ロンドンで開かれたロシア社会民主労働党第二回大会で「ボリシェヴィキ（多数派）」と称し、プロレタリアートと農民による革命的・民主主義的な独裁を戦略として掲げた。『民主主義革命における社会民主党の二つの戦術』（一九〇五）によれば、まずロシアのツァーリズム打倒のために進歩的ブルジョアジーとも連帯して民主主義革命をめざし、その革命が成就した後に彼らと手を切って独自の社会主義革命をめざすという戦略が立てられる。こうして彼は、党内の「メンシェヴィキ（少数派）」のみならず、ドイツ社会民主党の「修正主義」とも徹底的に対決していった。当時、ドイツの社会民主党ではベルンシュタイン（一八五〇—一九三二）が、史的唯物論を新カント派の倫理学と社会進化論によって置きかえつつ、暴力革命主義を退け、議会主義的な改良によって社会主義の実現を唱えていた。その修正主義をレーニンはマルクス主義からの日和見主義的な離脱と断罪し、どこまでもマルクスの革命論を発展させるかたちで、民主主義革命から社会主義革命という「二段階革命論」を唱えたのである。このボリシェヴィキ路線を明確にするためには、それが新ブランキズムともジャコバニズムとも呼ばれることも彼は厭《いと》わなかった。

第一次大戦と『帝国主義論』

レーニンはその後もスイスを拠点としてボリシェヴィズムの宣伝につとめたが、一九一四年の第一次世界大戦の勃発に大きな衝撃を受ける。国際主義を掲げた「第二インターナショナル」がこれに歯どめをかけることなく、ずるずると戦争に巻きこまれていったからである。とりわけ、ベルンシュタインを批判してマルクス主義に忠実であったかにみえたドイツ社会民主党のカウツキー（一八五四—一九三八）までが、積極的な戦争反対運動を起こさなかったことは、レーニンにヨーロッパの社会民主主義者への大きな不信をもたらすことになった。そして戦争に協力した彼らと絶縁すべく、『資本主義の最高段階としての帝国主義論』（一九一六、出版一九一七）を著わす。

イギリス自由党員ホブソン（一八五八—一九四〇）の『帝国主義論』とドイツ社会民主党のヒルファー

ディング（一八七七―一九四一）の『金融資本論』とに刺激されて書かれた本書は、つぎのような主要なテーゼからなる。すなわち、資本主義が高度に発達するにつれて生産と資本の集中が生じ、カルテルやトラストの形成によって「独占資本」がつくりだされる、銀行資本が産業資本と融合して「金融寡頭体制」がつくりだされる、商品の輸出のみならず「資本の輸出」が行なわれる、資本家の国家的独占体が形成され「世界を分割」してゆく、最大の資本主義列強による「地球の領土的分割」が完了する――これらが帝国主義の特徴とみなされるのである。第一次世界大戦はこうした状況のもとでの列強間の戦争であった。資本家は自国の労働貴族や知識人を買収によって傘下におさめて戦争を起こしたが、そうした帝国主義への認識不足から、カウツキーをはじめとする社会民主主義者はブルジョアジーの術中にはまってしまった。レーニンは逆にこうした「帝国主義戦争を革命的内乱へ」をスローガンとして、革命に向けてプロレタリアートの団結を訴えつづけてゆく。

ロシア革命の進展

そうしたなかで一九一七年二月、ロシアの首都ペトログラードの「パンよこせデモ」が全国各地に広がり、兵士たちもその反乱を支持したため、ロマノフ王朝は倒れ、メンシェヴィキ主導の臨時革命政府が誕生した。このニュースをスイスで知ったレーニンは封印列車で帰国するが、戦争を続行する臨時政府を支持せず、「全権力をソビエトに」のスローガンを掲げてプロレタリアートと農民による第二の革命を呼びかけた。そしてついに同年十月、ボリシェヴィキはトロツキー（一八七九―一九四〇）の力を借りて、ケレンスキー（一八八一―一九七〇）を首班とする臨時政府を打ち倒し、ソビエト（Soviet 評議会）

政権を樹立する。

この時点でレーニンは人民委員会議議長に就任したが、十一月の総選挙でボリシェヴィキは得票率二四%の第二党にとどまり、第一党はエスエル（社会革命）党右派であった。しかし翌年一月に憲法制定会議に出した「勤労被搾取人民の権利宣言」の採択が拒否されるとそれを認めず、この会議を一方的に解散させた。そして第三回ソビエト大会で「社会主義ソビエト共和国」の樹立を謳い、つぎに党内の反対を押しきってドイツと講和条約を結んで停戦した。しかし三月にいたってボリシェヴィキの穀物独占政策に反対したエスエル党左派が政権から離脱し、七月に新首都モスクワで内乱を起こすとこれを鎮圧し、共産党以外の政党の非合法化にふみきった。

こうしてレーニンは一党独裁体制のもと、軍隊およびチェーカーとよばれる秘密警察の力を背景に国内では厳格な中央集権主義にもとづく政策を強行するかたわら、終戦後の一九一九年、「第三インターナショナル」をモスクワに設置してこれを「コミンテルン」と名づけ、翌年の第二回大会では各国の共産党メンバーに対してこの大会と委員会の決定に無条件で従うことを要求した。なお、ロシア革命を被植民地国に広めるための運動を推進することも、この大会で確認された。一方、「共産主義とはソビエト権力プラス電化である」というスローガンのもとに国内の電化計画を発表したが、たびかさなる国内戦によって農工業の生産力はどん底の状態にあり、各地で農民の反乱が頻発、二一年二月末にはクロンシュタットで水兵が反乱を起こした。そうした事態に対処すべく、レーニンは一方で党内の分派活動を厳しく禁じ、他方で「ネップ」とよばれる一種の「国家資本主義」を導入して経済の立て直しをはかっていった。

このようにいまだ革命という事業の明白な方向が定まらぬまま、レーニンは一九二二年に倒れ、二四年には不帰の客となった。彼に代わって、トロツキーとの権力闘争に打ち勝ったスターリンがソビエトの全権力を掌握してゆく。

国家死滅論と民族問題

ところでレーニンは、ソビエト政権とそれに続くであろう世界革命によって最終的に国家は「死滅」すると、なかば本気で考えていた。一九一七年に著わされた『国家と革命』で彼は、アナーキストの説く連合主義や分権主義による国家の消滅は幻想であり、プロレタリアートと農民との独裁的な権力行使によってブルジョアジーを打倒し、国家の廃絶にいたるというヴィジョンを呈示している。ロシアにおける「中央集権的」なソビエト政権の樹立と、それにつづくと予想される他の国々の革命によって、はじめて国家の死滅が現実となるであろうと考えられていた。

この国家死滅論とパラレルに、レーニンは「民族問題」についても明快なテーゼを打ちだす。この問題は十九世紀の終わりころから、当時のオーストリア＝ハンガリー二重帝国におけるマルクス主義者たちによって論議されはじめていた。オットー・バウアー（一八八二―一九三八）は、民族の独自性にもとづく「文化的自治権」を提唱していたが、それに対し、若きスターリンを指導して論文「マルクス主義と民族問題」（一九一三）を記させたレーニンは、つぎのように主張する。一方で、民族問題をマルクス主義にとって擬似問題とする見方は退けられねばならないが、しかし他方、これを超歴史的なかたちで物神化するバウアーらの考えも批判されねばならない。マルクス主義者にとって重要なのは、それぞれの民族問題の歴史性や特殊性を十分顧慮しつつ、「抑圧‐被抑圧」という視点から判断して抑圧されている民族の側につくこと、そのさい、被抑圧者たる民族にも「階級闘争」が存在することを忘れず、将来の社会主義革命を見通してその民族のプロレタリアートと連帯することである。民族問題を軽視することも物神化することもなく、ボリシェヴィズムの二段階革命論に添って歴史的・弁証法的に捉えることが重要とされた。

スターリンの暴政とレーニンの責任

レーニンの死後、権力を握ったスターリン(一八七九―一九五三)は正統な後継者を自認し、強力な党官僚、軍隊、秘密警察を背景に、あくなき独裁政治を強行してゆく。一方、トロツキーは、ロシアが後進国であるがゆえに革命の先進国であり、ロシア革命を先進諸国に広めねばならないという「世界(永続)革命論」を唱えて、スターリンの「一国社会主義」路線と対立した。しかしこの闘いに敗れて一九二九年、国外に追放される。スターリンは党内の論客ブハーリン(一八八八―一九三八)らを押しきってネップを廃止し、農業の強制的な集団化をおし進めるかたわら、後には反対派の党員やウクライナの農民を死刑や流刑に処すなど、その数一千万人を超えるとされる大粛清を行なった。また権力拡大のためにはヒットラーとも取り引きし、一九四〇年にはバルト三国を併合する。

こうしてソビエトにおいて国家は死滅するどころか、牢固たる「官僚制国家」が出現し、人民を抑圧する強力な権力装置と化していった。レーニンは晩年、民族問題に対する強権的な態度などからスターリンの指導者としての資質に強い疑念をいだいていた。しかしそうは言っても、スターリンが彼とは無縁の突然変異であったとみなすことはできない。レーニンの理論と実践に、すでにスターリンの暴政を生みだす芽がふくまれていたからである。これまでみたように、彼においては「ツァーや封建勢力＝第一の打倒対象、ブルジョアジー＝第二の打倒対象、プロレタリアートと農民＝前衛政党（共産党）に指導される革命主体」という理論図式が支配し、その図式によっていっさいの状況判断と戦術が打ちだされていった。それはマキアヴェリの「フォルトゥーナとヴィルトゥ」論を思わせる、きわめて便宜的な戦術操作でしかなかった。政権樹立後にレーニンが、状況不利とあらば憲法制定会議を一方的に解散したり、他党派を非合法化し、あるいは自党内の分派活動（＝党内論争）を厳禁したのは、彼のマキアヴェリストたる側面を如実に露呈している。

一方で国家の死滅という超ユートピアニズムを唱え、他方でその実現のためにマキアヴェリズムに訴えるというレーニンには、はじめから相矛盾する要素がためらいなく併存していたというべきである。プロレタリアート独裁の名のもとに前衛政党によって遂行される政治が、人民を弾圧する政治に容易に変わりうることに対し、レーニンは無神経であった。「人間と権力」の問題に関して、彼の思想はあまりに雑駁であり、その雑駁さがスターリニズムの成立を幇助したといっても過言ではないであろう。

b　西欧マルクス主義

ところでマルクスとエンゲルスが革命の勃発を予測した先進資本主義国においては、マルクス主義はどのように展開されたであろうか。フェビアン主義の影響を受けたイギリスの社会主義や、プルードンの流れを汲むフランスの社会主義と異なり、ドイツ語圏では、カウツキーが社会民主党左派の論客として、また第二インターナショナルの指導者として正統的なマルクス主義者とみなされていた。しかすでに述べたように、第一次大戦に公然と反対しなかったかどでレーニンに攻撃され、名声を失墜した。他方、ポーランド生まれのユダヤ人ローザ・ルクセンブルク（一八七〇―一九一九）は、民族の自治と国家の廃絶をめざす立場から第一次大戦に反対してカウツキーと袂を分かち、革命路線を継承したが、他方でレーニンのボリシェヴィズムを「労働者の自発性」を軽視し抑圧するものと批判していた。彼女は大戦後、リープクネヒト（一八七一―一九一九）とともにドイツ共産党（スパルタクス団）を結成し、ロシア革命に対応すべく武装蜂起したが、失敗して虐殺される。この時点で、政治的なマルクス主義運動はヨーロッパ諸国で大きく後退し、代わってマルクスの哲学に注目してその復権をはかる思想家たちが現われる。それが西欧マルクス主義者たちである。

ルカーチの『歴史と階級意識』

若きハンガリーの美学者ルカーチ（一八八五―一九七一）は、当時の政治的混乱と文化的頽廃の批判から出発し、マルクスの哲学を人間解放の思想として再建してゆく。一九二三年に公刊した『歴史と階級意識』によれば、資本主義（ブルジョア）社会においては人間の活動や労働は疎外されたものとなって、意識は頽廃する。また学問も細分化され断片化して、世界の全体像を呈示できなくなっている。哲学ですら、主体と客体、形式と内容の二元論におちいって、「意識の物象化」を克服する論理とはほど遠い。こうしたブルジョア社会の閉塞状況を突破できるのは「虚偽意識をまぬがれた」プロレタリアートであり、彼らこそ能動的・革命的な実践を通して、主体と客体、形式と内容の二元論を乗り越え、生と世界の全体像を獲得できるのである。

『ヘーゲル法哲学批判序説』のマルクスを思わせるこのようなプロレタリアート論をもとに、ルカーチは晩年のエンゲルスが唱えた自然弁証法やその客観主義を批判してゆく。客観的な自然法則ではなく、「自覚的な革命意識」が歴史をつくるというルカーチの思想には、ドイツ観念論、とりわけフィヒテやヘーゲルの影響がうかがえるが、彼自身はマルクス主義者をもって任じていた。コミンテルンによって修正主義者と非難されたにもかかわらず、のちにソビエトに渡り、第二次大戦後にはハンガリーの共産党政権後の文化大臣をつとめた。晩年の彼の自己批判にもかかわらず、『歴史と階級意識』の新鮮なマルクス主義解釈はヨーロッパの左翼知識人にきわめて広く、深い影響を与え、西欧マルクス主義の源流となったのである。

コルシュのマルクス主義

ローザ・ルクセンブルク亡きあとの、ドイツ共産党の論客コルシュ（一八八六―一九六一）は、一九二三年に『マルクス主義と哲学』を著わし、理論的批判と実践的変革とを統合するようなマルクス哲学の復権を唱えた。ブルジョア社会の現状を的確に批判し、革命の展望を切り拓くためには、科学としてだけではなく「哲学」としてのマルクス主義が必要であると説いた彼の主張も、やはりコミンテルンから修正主義のレッテルを貼られる。二五年に彼は独ソ条約の締結に反対したため、ドイツ共産党を除名された。

なお、「西欧マルクス主義」という名称を最初に唱えたのはコルシュで、ルカーチ同様、ボリシェヴィズムともドイツ社会民主主義とも異なる立場を表明している。日本のマルクス主義者、福本和夫（一八九四－一九八三）もドイツで直接、彼に学んだ。

グラムシの思想

ルカーチとコルシュにもまして独創的なマルクス主義を展開したのが、イタリア共産党の論客グラムシ（一八九一－一九三七）であった。コミンテルン執行委員としてモスクワのボリシェヴィキ政権を見聞した彼は、帰国後にファシスト政権によって逮捕され、ながい獄中生活をおくるが、そこで記した『獄中ノート』で独自の共産党路線を提唱した。すなわち、国家がすべてであるソビエトとは違って、ヨーロッパでは市民社会が国家をコントロールすることが可能であり、またそうしなければならない。国家は「軍隊、警察、監獄などをもつ強制的な支配機構」のみならず、企業、労働組合、学校、教会、ジャーナリズム、マスメディアなど「知的・道徳的な指導とコンセンサス獲得の場」である市民社会から成り立つ。したがって、イタリア共産党がめざすべき目標はプロレタリア独裁ではなく、被支配階級のコンセンサスを形成すべき「ヘゲモニー（指導的権力）」の確立である。

こうしたグラムシの社会変革のヴィジョンは、ボリシェヴィズムはもとよりマルクスのそれとも異なり、いわばヘーゲルとは逆の、市民社会による国家の止揚（乗り越え）をめざしている。こうしたヴィジョンの形成には、同時代のイタリアの歴史哲学者クローチェ（一八六六－一九五二）との生産的対決があり、さらにはマキアヴェリの作品をもじった『新君主論』を著わすなど、グラムシは自国の伝統に忠実なプラグマティックなマルキストであったといえる。

付　マルクス主義の凋落

第二次大戦後、ソビエトの強権社会主義が東ヨーロッパにつぎつぎと傀儡政権をつくりだす一方で、西ヨーロッパでは、自国の植民地政策やアメリカ型資本主義を批判するため、マルクス主義に近づく知識人も少なくなかった。この傾向はとりわけフランスで顕著にみられ、たとえばサルトル（一九〇五―八〇）は、実存主義の立場からマルクス主義の唯物史観をわがものにしようとつとめ、メルロ＝ポンティ（一九〇八―六一）も若きルカーチを援用しつつ、自らの現象学的立場とマルクス主義の弁証法的な両立を唱えたりした。

だが一九六〇年代、アルジェリア戦争をもってヨーロッパ諸国の植民地支配がほぼ終焉し、七〇年代にアメリカがベトナムから撤退した後、中国をふくむ社会主義諸国の実態がいっそうあらわになるなかで、知識人のマルクス主義離れは急速に進んでゆく。またヨーロッパの左翼政党に関していえば、すでに西ドイツ（旧）の社会民主党は一九五九年、バート・ゴーデスベルク綱領によってマルクス主義から訣別を宣言し、イタリア共産党もトリアッティ（一八九三―一九六四）らがグラムシの路線を継承発展させ、ドイツの社会民主党と大差ない政党になっていった。イタリア共産党は九〇年には左翼民主党と改称することを決定した。

そうしたなかで、一九八〇年にポーランドで起こった共産党政権への反乱は、東ヨーロッパの社会主義経済の破綻ばかりでなく、共産党そのものが労働者階級から遊離した特権階級にすぎない事実をさらけだした。そして八五年、ゴルバチョフ政権のもとで始まったソビエトのペレストロイカ政策によって、八九年十一月には「ベルリンの壁」が崩壊し、東欧諸国の共産党独裁政権がつぎつぎと民衆の力によって打倒される。それは市民革命と呼ぶにふさわしいものであった。そして九一年八月、保守派のクーデター失敗を機にソビエト共産党政権は解体、一九一七年十月革命以来の歴史にピリオドを打ち、次いでソビエト連邦も解体した。それにともない、これまでタブーとされてきたレーニン批判も公然と口にされるようになった。おそらくはマルクスにまでさかのぼってのマルクス主義総体の批判的研究が、これからの社会思想史の重要な一つのテーマとなるであろうが、しかしそれはマルクスを頂点におくような社会思想史観の終焉ではあっても、批判的社会思想の終焉では決してない。むしろ今日では、マルクス主義が切り捨てたり論じなかったような問題を、これまでの社会思想史のなかに再発見し、現実社会のなかに新しく見出してゆく態度が要求されている。

2 大衆社会論と批判的社会理論

二十世紀ヨーロッパの資本主義諸国は一時期、大恐慌におちいったものの、マルクスが予言した社会主義革命の方向には進まなかった。しかしすでに十九世紀末からヨーロッパ社会の精神的・文化的危機は始まっており、ニーチェやフロイトはそれを鋭敏にかぎとっていたといえる。

二十世紀のヨーロッパ社会をそれ以前の社会と分かつメルクマールは、いわゆる「大衆社会」ないし「管理社会」の出現である。すなわちロックやスミスらが考えたように批判的精神に満ちた自立した個人が社会を構成するのでも、オーウェン、プルードン、マルクスらが夢みたように労働者が自主的に社会のありかたを決めるのでもなく、批判的精神や自立性を失った人びとが権力によって巧みに操られるような社会状況が、はっきりと認識されるようになった。そのような新しい局面を、二十世紀の先進資本主義国の思想的テーマとしてまとめてゆこう。

a　市民社会論から大衆社会論へ

社会科学の領域で大衆社会論が広く論じられるようになったのは、第二次大戦以降である。しかし十九世紀前半にフランスのリベラリスト、トクヴィルはその兆候をアメリカ社会にみていたし（第五章3付）、十九世紀後半から今世紀初めにかけて活躍した二人の社会学者、デュルケームとウェーバーがすでにこの問題を取り上げて論じていた。少し時代が前後するが、ここでまずその流れを追ってみることにしよう。

デュルケームのアノミー論

フロイトとほぼ同時代人で、フランス社会学を領導したデュルケーム（一八五八―一九一七）は、豊富なデータをもとに社会事象を「事物のように」分析する方法によって、十九世紀末の産業社会の「アノミー（無規制）」状態をえぐりだした。デュルケームによれば、産業社会における分業化の進展は、決してスペンサーがいうような調和ある社会をもたらさない。それは逆に生活における経済の次元を肥大化させ、道徳的に結ばれていた社会を利害だけにもとづく社会に変えてゆくだろう。その結果、かつては道徳的な意識で規制されていた人びとの欲求はアノミー状態におちいり、人格の統合を失って自殺者が増えるなど、自立した個人の自由を減少させる傾向をたどる。

このような新しい危機は、サン＝シモンが説くような国家主導の計画経済によっては決して乗り越えられない。内面の規範を失って群衆と化した人びとにとって、国家、とくにフランスにみられる中央集権国家はあまりに巨大な機構だからである。しかし他方、新しい社会的規範なくして人びとの内的規範を復興することはできない。デュルケームはここから、巨大な国家とアトム化された個人との間の「中間団体」たとえば職業団体のような制度が、人びとに道徳的な連帯感をもたらすと考えた。

彼はフランスの第三共和政のもと、従来のカトリック教会の指導に代わるような新しい道徳教育プランを構想していったが、第一次大戦の勃発によってその構想も潰え、隣国ドイツを非難しつつ大戦中に世を去った。

ウェーバーの合理化論

デュルケームよりやや若いドイツのマックス・ウェーバー（一八六四―一九二〇）は、ピューリタニズムが初期資本主義の発達の原動力となったことを『プロテスタンティズムの倫理と資本主義の精神』（一九〇四）で明らかにした。マルクスによって上部構造とかたづけられた宗教が、経済社会の発展において大きな役割を演じたとみたのである。しかし彼のより一般的な関心は、近代ヨーロッパの資本主義化ないし産業化が、彼のいう「目的合理性」をますます社会のなかに浸透させてゆくことに注がれていた。ここで目的合理性とは、あらかじめ成果を目的として設定し、これに向けて諸条件を考慮しつつ予測を計算してゆくような合理性である。他方、結果を顧慮することなく倫理的・美的また宗教的価値にもとづいて行動する「価値合理性」と、それは区別される。そしてヨーロッパ社会の近代は、目的合理性が価値合理性にとって代わる歴史であり、それは必然的に政治の行政化や官僚制の増大と結びつく。

ウェーバーは、このような目的合理性の浸透を世界の「脱魔術化（Entzauberung）」とも呼んで、それがひき起こす思想的帰結を問題にする。かつて資本主義発達の原動力となったエートスが消失した現在、人びとは生活の意味喪失におちいり、「神々の争い」ともいうべき価値アナーキーの時代が到来している。しかしこの精神的危機の克服を、彼はむしろ政治家の「責任倫理」にもとづくリーダーシップに求めてゆく。時代の診断においてはニーチェやフロイトとかなり重なりあっていたが、二十世紀初頭のリベラリストとして、ウェーバーは実践的な政治、しかも権力をコントロールして人びとを導いてゆく方向に社会の閉塞状況の打開をさぐろうとした。

大恐慌・ファシズム・修正資本主義

一九二九年十月、アメリカに始まった大恐慌は世界各地に飛び火した。社会主義者の批判にもかかわらず、それまで比較的うまく機能していた資本主義経済がここに来てはじめてパニックにおちいり、世界各地で失業者がパンを求めて路頭に迷う光景がみられた。それはドイツでナチ政権を誕生させ、すでに成立していたイタリアのムッソリーニ（一八八三―一九四五）政権および天皇制支配下の日本の三国を他の資本主義諸国と分断させ、第二次大戦突入のきっかけをつくった。

ヒットラー（一八八九―一九四五）ひきいるナチ政権はクーデターによって成立したのではない。それはワイマール体制下で不満くすぶる多くのドイツ国民の支持のもとに、一九三三年一月、合法的に誕生した。しかしナチは自ら仕かけた国会放火事件にかこつけて他の政党を非合法化し、一党独裁体制を築きあげるとそれを「第三帝国」と称した。対外的には激しい膨張主義政策をおし進める一方、国内では「ユダヤ人絶滅運動」に乗りだし、アウシュビッツ等、強制収容所で殺されたユダヤ人の数は六〇〇万人にものぼるとされている。そのほかにもジプシーの集団殺害（ジェノサイド）や知的・身体的障がい者の計画殺人など、ナチが犯した蛮行ははかり知れない。人はこの二十世紀における悲惨な出来事への関心を、たえず持ちつづけねばならないだろう。「過去に対して目を閉ざす者は、現在にも盲目となる」（R・v・ヴァイツゼッカー）からである。

ところで、さきに述べた大恐慌を契機として、資本主義国では経済思想の革新がなされ、これまでアダム・スミスやスペンサーが考えたような自由放任政策ではなく、国家がなんらかのかたちで市場経済に介入する「修正資本主義」が唱えられるようになった。その主な業績としては、ケインズ（一八八三―一九四六）の『雇用・利子および貨幣の一般理論』（一九三六）があげられよう。もとより功利主義や自由放任型の資本主義に批判的であったケインズは、この書を通じて国家が公共事業政策などで有効需要を積極的につくりだし、経済を活性化する必要性を訴えた。古典経済学が暗黙の了解としていたように、供給が需要を生みだすのではなく、需要が供給を生みだす。こうした考えによって、スミス流の「夜警国家」を批判したのである。そしてこの政策は、第二次大戦後、保守政党はもとよりイギリスの労働党によっても福祉国家への道として高く評価されるようになった。

だが、需要が供給を生みだすという考えには、かつてのマンデヴィルの描写をほうふつさせる一面もある。修正資本主義経済によっては、失業者の数を減らすかわりに、消費それ自体を目的とするような大衆社会現象が加速度的に進むのである。

オルテガの大衆社会批判

ここで大衆社会を批判した今世紀前半の古典として、スペインの思想家オルテガ・イ・ガセット（一八八三―一九五五）の『大衆の反逆』（一九三〇）を取り上げよう。この書は貴族主義的な偏向がみられるとはいえ、単なる社会学的次元を超えて、プラトン以来の社会批判の伝統に立っている点で注目される。

ここでいう大衆とは、身分や階級を意味する社会学的範疇ではなく、「自分がみなと同じであることになんらの苦痛をおぼえず、逆に同じであることを快く思うような人間」すべてを意味する哲学的・人間学的な範疇である。このたぐいの人間は上流階級にも下層階級にも存在するし、インテリとよばれる人びとの間にさえ見出される。大衆は、自らの凡庸を承知のうえで、大胆にも凡庸なる者の権利をあらゆる場所で貫徹させようとし、自分と違う考えの人を排除しようとする。本来あるべき人間の生は「自分自身となるための闘い」であり努力であるのに、大衆はその真理を忘れるどころか、あざけり、生の高みにのぼる人の足をひっぱる。こうした大衆社会はアメリカ特有の現象であったが、いまやヨーロッパでも大衆社会化は進んでおり、ムッソリーニのファシスト政権もソビエトのボリシェヴィキ政権も等しく大衆社会によって支えられている、とオルテガは言う。

さらに特筆さるべき大衆社会化現象として、彼はヨーロッパにおける教養人の衰退と、「専門人」の横行をあげる。全体的な知識の展望を欠く専門人も大衆とみなされねばならない。自らの狭い学問領域のことだけを知っているが、他の知的領域のことはまったく知らないタイプの人間は「無知の知」を忘れて自分を知者と思っている点で、無学の人よりもたちが悪い。科学が進めば進むほど、教養人が衰退し、悪い意味での専門人が増えるという現象こそ、大衆社会のメルクマールとなる。こうしてオルテガは、ニーチェにも似た貴族主義の立場から、二十世紀前半の大衆社会を批判した。なお、後年の彼は『人と人びと』を著わして、デュルケームを乗り越えるという意図のもとに、慣習にもとづいて社会関係を捉えなおす哲学を提唱した。

シュミットの政治思想

一九二〇年代から三〇年代にかけての重要な思想家として、ドイツの法学者・政治哲学者カール・シュミット（一八八八―一九八五）を欠かすわけにはいかない。近代国家における重要な法概念を「世俗化された神学的概念」として捉え返しつつ、彼はワイマール体制に対してきわめて挑戦的な思想を展開していった。彼によれば例外こそいっさいを例証するものであって、「例外状態を決断する者」を主権者とみなし、「決断の主体」としての国家を捉えるときにこそ国家主権の本質が浮き彫りになるとした。近代の国家と社会という二元論が破綻し、国家が社会を包摂するようになった今世紀において、「友と敵」というカテゴリーこそが政治的なるものの本質を形づくる。このような過激な主張をもって近代のリベラリズムを批判しつつ、彼は「独裁制」をリベラリズムとは矛盾するが「民族の民主制」とは両立すると説き、初期のナチ政権に理論的根拠を与えることになった。

こうしたカール・シュミットの思想の背景には、技術文明に対する危機意識と人間についての深いペシミズムが存在している。技術の進歩が人びとに脱政治的現象をもたらし、大衆社会化するその間隙を縫うかたちで出現したこの全体主義思想は、政治的にはナチ体制に加担するものとなったが、今日なお反面教師としての意義を失ってはいない。また、その政治的立場を超えて公法学者として彼の労作は高く評価されている。

b　フランクフルト学派の批判的社会理論

カール・シュミットとは正反対の立場から、またオルテガとも異質の大衆社会批判は、ほぼ同時期にドイツの「フランクフルト社会研究所」に集まったユダヤ系の学者によって始められる。フランクフルト学派とよばれるこの人たちの批判的社会理論をみていこう。

フロムの近代社会批判

同研究所の創立期にもっとも活躍したフロム（一九〇〇—八〇）は、フロイトの精神分析とマルクスの社会分析を折衷したかたちの社会心理学的アプローチによって社会批判を試み、近代人の病的な社会心理を鋭くえぐってみせる。亡命先のアメリカで出版した『自由からの逃走』（一九四一）によれば、ナチを生みだした大衆心理はその起源をルターやカルヴァンの時代にまで遡らねばならない。近代人は中世の教会の「権威から自由」になったものの、かえって不安となり、神の前に個人の無力を説いたルターやカルヴァンの教義にとびついた。この心理構造は、ワイマール体制のドイツで失業の不安におののく大衆が、ヒットラーに救いを求めたそれと同質であり、人びとが真に「自己実現への自由」を得ぬかぎり脱却できない。個を失った大衆はドイツ国民に限らず、ナチと闘っているアメリカ国民についても言える。ナチ体制のようなハードな全体主義国であれ、アメリカのようなソフトな民主主義国であれ、個人が社会によって操作される客体になり下がっている現状が変革されねばならない。

フロムはさらに『正気の社会』(一九五九)を著わし、マルクスよりはプルードンの連合主義を高く評価して、人びとの自発性と愛にもとづく協同社会を夢みている。そして晩年には、「所有」することよりも善く「存在」したいという価値観にもとづく社会の実現を唱え、ヨーロッパのエコロジー運動に大きな影響を与えた。

ホルクハイマーとアドルノ

フランクフルト社会研究所長をつとめたホルクハイマー(一八九五—一九七三)は『哲学の社会的機能』(一九四〇)において、価値中立的な社会科学に対して自らの研究を実践的な「批判的社会理論」と名づけた。それは、どこまでも人びとの自由の実現(解放)という、あるべき社会の理念に照らして、現下の社会の抑圧や歪み(イデオロギー)を批判する営為をいう。哲学を実証的な社会科学に吸収してしまうのではなく、逆に社会諸科学を哲学的な展望や理念によって方位づけること、そしてそのためには「分析的理性」ではなく「批判的・実践的理性」の行使が必要となる。初期のホルクハイマーは、このように包括的な意味での理性の復権を訴えながら、ナチズムと対決しうる社会理論を構想していた。

しかし彼の立場はその後、微妙に変化してゆく。第二次大戦後、同じ研究所の友人アドルノ(一九〇三—六九)との共著『啓蒙の弁証法』(一九四七)においては、人間の自立を謳った近代の啓蒙運動がなぜナチという野蛮を生むにいたったかを、つぎのように思弁的に論じた。人間において本来、「悟性と神話的なもの」は分かちがたく結びついているのに、ベイコンに始まる近代の「自然支配」思想がカントの「悟性の自立」という啓蒙のプログラムに受けつがれ、人間内部の神話的領域は非合理的なものと一方的に裁断されてしまった。この切り捨てが逆に非合理主義の反動を招いたことは、カントの同時代人サド（一七四〇―一八一四）の作品によって例証されるが、ヒットラーのアーリア人種の神話にいたって頂点に達した。ホルクハイマーとアドルノはこのように啓蒙の頽廃を分析し、人間の「内なる自然と理性」とが融合するような弁証法的な啓蒙を説いた。

しかし、文化産業や道具的理性によって社会の管理化が進行するなかで、ホルクハイマーは晩年にはショーペンハウアーのもつ「反時代性」を高く評価し、アドルノは文化産業に操られる人びとの虚偽意識（イデオロギー）批判に焦点を合わせて「否定的弁証法」を唱えるにいたる。だが、二人は管理社会を変革する積極的なヴィジョンを確立しえぬまま世を去った。

マルクーゼの管理社会批判

それに対し、一九六〇年代に管理社会を変革すべく過激な思想を展開したのが、マルクーゼ（一八九八―一九七九）である。ホルクハイマーにもましてオーソドックスな哲学から出発した彼は、ナチス政権の成立によりアメリカへ亡命、そこでソビエト社会主義を批判する一方、アメリカ型の先進資本主義社会を告発する『一次元的人間』（一九六四）を著わした。彼は高度産業社会には「快い民主的な不自由」が行きわたっていると述べ、産業による人びとの欲求の管理と操作を、新しい社会的抑圧として描きだす。管理社会のなかでは、労働者をふくめ人びとの批判能力は摩滅し、「抑圧的寛容」を抑圧として感じとることができず、ただ産業に飼いならされた一次元的人間が相互欺瞞をくり返すだけである。

では技術が支配するこの一次元的な管理社会は、どのようにして打破されうるのだろうか。ほとんど体制内に組み込まれた労働者階級やテクノクラートに、この快い抑圧状況の変革を期待することはできない。マルクーゼは、既成体制の諸価値を全面的に否定するこの新しい要求を、まだ社会の毒に染まっていない「学生たち」の力に託した。このような訴えによって彼は、六〇年代後半の世界的な学生反乱の父とみなされるようになる。しかし、学生反乱に対して批判的であったかつての同僚ホルクハイマー／アドルノの『啓蒙の弁証法』が今日古典とみなされているのとは対照的に、彼の著作は「新左翼」運動の退潮とともに急速にその影響力を失っていった。

3　社会思想の今日的課題

一九七〇年以降、今日にいたるヨーロッパ思想は、同時代にかぎらず広く「近現代」というものをどう捉えるかに関心を寄せるようになった。ここにふたたび大きな思想史的テーマが登場してきたのである。そのような動向から出発して、現代がかかえている思想史的課題を考えてみたい。

モダンの終焉か復権か

一九七〇年代後半からヨーロッパには、「ポスト・モダン（post-modern）」なる思想が流行しはじめた。このことばは、はじめ建築用語として現われ、画一的・機能的なモダン建築にかわる新しい建築様式一般をさす語であったが、その後、思想界で独特の意味あいをおびて使われるようになった。七九年に、フランスの哲学者リオタール（一九二四―九八）は『ポスト・モダンの条件』で、理性の解放、富の蓄積、精神の弁証法、労働者の解放などの「大きな物語」が支配した近代（モダン）は過ぎ去り、現代をそうした大きな物語が意味を失ったポストモダンの時代と規定した。

それに対して、ドイツのフランクフルト学派の第二世代にあたるハーバーマス（一九二九―　）は、「近代」の性格づけをめぐって、つぎのように反駁する。「啓蒙的理性」の自己実現という近代のプロジェクトは、現代において終焉したのではなく、専門分化によって閉塞している。支配や強制のない人びとのコミュニケーション的行為を通して、近代のプロジェクトは逆に貫徹されねばならないのであって、一面的な「機能主義的理性」と包括的な「コミュニケーション的理性」とを同等視することは許されない。このような観点のもと、彼は「理性の啓蒙の終焉」を謳うドイツの社会学者ルーマン（一九二七―九九）を批判し、啓蒙的理性の復権を唱えた。ハーバーマスによれば、哲学的意味でのポスト・モダン思想はニーチェに由来し、その影響を受けたフーコーの権力論や、デリダによる形而上学の「脱構築」(déconstruction) をも彼はこの立場から批判している。

このように、一方でモダンの復権を説くハーバーマス、他方でモダンの終焉を唱えるリオタール、フーコー、デリダ（彼らの思想の詳細にここで立ち入ることはできないが）という図式が、八〇年代の欧米思想界を席捲した。それは狭い社会学的テーマを超え、ヨーロッパ近代思想の再考をうながすという点で、大きな意味を担っている。しかし逆に、近‐現代思想の総体についての再考がこうした図式に収まりきれるかというと、否である。ヨーロッパの近代思想は、これまで述べてきたような多様な局面をおびており、その多様性を十把ひとからげに「大きな物語」「権力」「現前の形而上学」「啓蒙的理性」とかの観点によって総括することはできない。そして実際、九〇年代に入って、このような枠組では捉えきれない大きな社会思想的課題が浮かびあがってきた。それらを三点にまとめて考えてみよう。

近代的自然観の再検討

七〇年代以降の一つの大きな知的現象は、それまでニーチェやフロイトらをはじめ人文系の思想家によって唱えられてきた文明の進歩への懐疑が、自然科学者や技術者らのあいだにも芽ばえはじめたことであろう。七二年にローマ・クラブが報告した『成長の限界』は、楽天的な未来観を打ち破って地球上の資源の有限性や環境破壊の危機を訴えた。このレポートは、機能主義的で先進国中心の発想に立つきらいはあるが、全世界に大きな衝撃を与えたのである。

かつてベイコンの「自然支配」思想に始まり、近代フランス啓蒙思潮で熱狂的に支持され、テュルゴー、コンドルセ、サン＝シモン、コント、スペンサーらによって唱えられた、「科学技術の進展による社会の進歩」という思想は、いまや真剣に再検討さるべき事態を迎えた。すなわち、技術の力で自然を支配し、人間の王国をつくるというベイコン流の進歩思想が、核兵器・生物兵器・化学兵器（頭文字を取ればＡＢＣ）の出現をもたらし、地球の温暖化、オゾン層の破壊、森林の乱伐、酸性雨、多くの生物種の絶滅など、さまざまな「生態学的危機」をひき起こしている。たしかに自然災害や多くの飢餓や貧困がこの世に存在するかぎり、自然「支配」は放棄できない理念であろうが、しかしそれは今日、限定された意味においてのみ使われるべきで、その正当性がきびしく問われねばならない。技術文明の将来は、ベイコンの夢からさめた科学者や技術者の倫理意識にかかっているのである。さらに、人間が自然の一部として自然と「共生」するという新しい自然観が、真剣に追求されてゆく必要がある。

国家主権の乗り越えと民族問題

リオタールの診断を裏切るかのように、一九八〇年代後半からヨーロッパには一つの「大きな物語」が復活した。すなわち、「欧州の統合」ないし「欧州共通の家」(ゴルバチョフ)という物語である。

十九世紀はじめにナポレオンがフランス国民軍を創設、その侵攻に対して各国にナショナリズムが目ざめ、十九世紀後半にはドイツとイタリアが統一国家となって帝国主義列強の角逐が始まり、今世紀前半の二つの大きな戦争へなだれ込んだ歴史の流れは、そのままヨーロッパ的アイデンティティの崩壊を表わしている。明治国家に始まるわが国の動きも、この流れと密接にからみあってきた。こうした二世紀にわたる歴史の誤りを反省し、ヨーロッパを一つの「経済的・政治的そして文化的統合体」として考えなおそうという動きが、八〇年代後半から本格的に広まっていった。九三年に経済統合からスタートした西ヨーロッパ諸国の統合(EU)が、はたしてどのような帰結や発展をもたらすかは社会思想的にも興味ぶかい。さかのぼって考えるならば、この欧州統合運動は、十七世紀末のボダン以降の「国家主権論に対するアンチテーゼ」とみなすことができ、それはグロティウスの国家主権を前提とした国際法的平和思想を超えて、ライプニッツが構想したような汎ヨーロッパ主義の伝統の復権と考えることもできよう。

だがその反面、とくに旧ソビエト連邦をふくめた東ヨーロッパには、民族問題という別の局面が急速にクローズアップされてきた。共産党独裁政権のもとで抑えられてきた諸民族間の抗争が、共産党の解体で一挙に噴きだしてきたのである。こうした民族問題の復活とヨーロッパ主義の復興とは、一見して逆むきのベクトルを持つかのような印象を与え、実際この二つの主題をどのように考えるかは、これからの大きな思想的課題といえる。しかし、汎ヨーロッパを唱えたライプニッツも他とは代替不可能な個体（モナド）同士の調和を普遍と考えていたし、十八世紀後半に民族多元主義を唱えたヘルダーもまた個性ある民族同士の対等な調和を謳っていた。いずれにせよ、多様性を殺す画一性ではなく「多様性」を生かしつつ、その多様性のなかでどのように普遍性を確認してゆくかが、思想的に問われている。最後にそのような普遍性を、しかもヨーロッパ中心にではなく「人類共同体」レベルにおいて考えてみたい。

ポスト・マルクス主義と正義・平和・人権

民族問題の背景に「抑圧－被抑圧」の関係があることを見ぬいていたレーニンの思想は、民族問題の解決には「社会正義」という普遍性が必要なことを示唆していた。そして、プロレタリアート独裁による社会正義の実現というマルクス主義の夢がほぼ完全に破綻した現在では、資本主義か社会主義かという問題に代わって、プラトン、アリストテレス、トマス以来の大きなテーマであった「社会正義」を、人類全体の現状に照らしてどのように追求していくのかという問題が、あらためて浮上している。すなわち人類レベルでの社会的抑圧や富の偏在の是正、そして「共通善」の実現というテーマは、マルクス主義インターナショナリズムが崩壊したことによって、かえって重要度を増したのである。この問題はまた、「平和」を今日どのように考えるのかというテーマと密接に関連する。平和をホッブズのように単に戦争不在の状態と考えるだけでは、不十分である。共産党独裁下の人民弾圧の大きな要因の一つは「異質なるものの排除」にあったが、これはかつてのキリスト教が犯した誤りでもあった。ルネサンス期のピコやエラスムスが乗り越えようとしたこの課題は、今日では少なくとも良心的なキリスト教徒においては解消しているであろう。いずれにせよ異質なものを異質なものとして受け入れ、理解するという態度なしに、今日「平和」は語りえず、その意味で平和という普遍性はすでに「多様性」を前提としているのである。

このような意味での正義と平和は、「人権」という価値の新しい哲学的基礎づけを促さざるをえないだろう。人権は明らかに近代の社会思想、とりわけロック流のリベラリズムにもとづいているが、しかし今日それは「歴史性・身体性・言語性」という次元で各人が他とは異なる次元をもつ、かけがえのない存在者であること、そのような個体であるからこそ相互に尊重しあわねばならないことの認識にもとづいて考えられねばならない。ポスト・マルクス主義時代の「人権」は、多様性と切り離しえず、むしろ多様性の深みにおいてロゴス化されねばならないのである。

ベルンシュタイン『社会主義の諸前提と社会民主党の任務』(佐藤晶盛訳、ダイヤモンド社)
ヒルファディング『金融資本論』(岡崎次郎訳、岩波文庫)
ホブソン『帝国主義論』(矢内原忠雄訳、岩波文庫)
バウアー『民族問題と社会民主主義』(丸山敬一他訳、御茶の水書房)
レーニン『なにをなすべきか?』(村田陽一訳、国民文庫、大月書店)／『帝国主義』(宇高基輔訳、岩波文庫。和田春樹訳、〈世界の名著〉同）／『国家と革命』（宇高基輔訳、岩波文庫。菊地昌典訳、〈世界の名著〉同）／『民族の自決権について』（川内唯彦訳、国民文庫）／『プロレタリア革命と背教者カウツキー』（全集刊行委員会訳、国民文庫）
スターリン『マルクス主義と民族問題』（平沢三郎訳、国民文庫）
トロツキー『永続革命論』（姫岡玲治訳、現代思潮社）／『裏切られた革命』（藤井一行訳、岩波文庫）
ローザ・ルクセンブルク『民族問題と自治』（加藤一夫・川名隆史訳、論創社）／『ローザ・ルクセンブルクの手紙』（川口浩・松井圭子訳、岩波文庫）／『ロシア革命論』（伊藤成彦・丸山敬一訳、論創社）／『獄中からの手紙』（秋元寿恵訳、岩波文庫）
ルカーチ『歴史と階級意識』（平井俊彦訳、未来社。城塚登・古田光訳、白水社）
コルシュ『マルクス主義と哲学』（平井俊彦・岡崎幹雄訳、未来社）
福本和夫『福本和夫初期著作集』（こぶし書房）
グラムシ『グラムシ・セレクション』（片桐薫編、平凡社ライブラリー）／『新編　現代の君主』（上村忠男訳、ちくま学芸文庫）
サルトル『方法の問題』（平井啓之訳、人文書院）
メルロ＝ポンティ『弁証法の冒険』（滝浦静雄他訳、みすず書房）
デュルケーム『社会分業論』（井伊玄太郎訳、講談社学術文庫。田原音和訳、青木書店）
ウェーバー『プロテスタンティズムの倫理と資本主義の精神』（大塚久雄訳、岩波文庫）／『宗教社会学論選』（大塚久雄・生松敬三訳、みすず書房）／『職業としての学問』（尾高邦雄訳、岩波文庫）／『職業としての政治』（脇圭平訳、岩波文庫）
ケインズ『自由放任の終焉』（宮崎義一訳、〈世界の名著〉69）／『雇用・利子および貨幣の一般理論』（塩野谷祐一訳、東洋経済新報社）
オルテガ『大衆の反逆』（佐々木孝訳、岩波文庫。神吉敬三訳、ちくま学芸文庫）／『個人と社会』（マタイス・佐々木孝訳、白水社）

シュミット『政治神学』(田中浩・原田武雄訳、未来社)/『政治的なものの概念』(権左武志訳、岩波文庫)/『政治思想論集』(服部平治・宮本盛太郎訳、ちくま学芸文庫)
フロム『自由からの逃走』(日高六郎訳、東京創元社)/『正気の社会』(加藤正明・佐瀬隆夫訳、〈世界の名著〉76)/『生きるということ』(佐野哲郎訳、紀伊國屋書店)
ホルクハイマー『批判的社会理論』(森田数実編訳、恒星社厚生閣)/『理性の腐蝕』(山口祐弘訳、せりか書房)
ホルクハイマー/アドルノ『啓蒙の弁証法』(徳永恂訳、岩波文庫)
アドルノ『権威主義的パーソナリティー』(田中義久他訳、青木書店)/『否定弁証法』(木田元・徳永恂他訳、作品社)
マルクーゼ『一次元的人間』(生松敬三・三沢謙一訳、河出書房新社)
リオタール『ポスト・モダンの条件』(小林康夫訳、水声社)
フーコー『監獄の誕生』(田村淑訳、新潮社)/『フーコー・コレクション』(小林康夫他編訳、ちくま学芸文庫4、6)
デリダ『グラマトロジーについて』(足立和浩訳、現代思潮社)
ハーバーマス=ルーマン論争「批判理論と社会システム理論」(佐藤嘉一他訳、木鐸社)
ハーバーマス『コミュニケーション的行為の理論』(河上倫逸他訳、未来社)/『近代の哲学的ディスクルス』(三島憲一他訳、岩波書店)/『近代——未完のプロジェクト』(三島憲一訳、岩波現代文庫)/『他者の受容』(高野昌行訳、法政大学出版局)
ローマ・クラブ『成長の限界』(大来佐武郎監訳、ダイヤモンド社)/『第一次地球革命』(田草川弘訳、朝日新聞社)
ヴァイツゼッカー『荒れ野の40年』(永井清彦訳、岩波ブックレット55)
ハーバーマス/デリダ『テロルの時代と哲学の使命』(藤本一勇/澤里岳史訳、岩波書店)
ハーバーマス/ラッツインガー『ポスト世俗化時代の哲学と宗教』(三島憲一訳、岩波書店)

「社会思想の今日的課題」その後——あとがきにかえて

1　本書刊行後の三〇年余り

本書の刊行は、予想以上に良好であった。東京大学教養学部の一、二年生向きに行っていた社会思想史の授業の受講生からの評判も上々であったし、それ以外のかなりの大学でも授業のテキストに用いられたことを耳にしている。内容的には、それまで暗黒時代などと記されてきた中世ヨーロッパの社会思想を扱った第二章は、当時の学生には新鮮であったように思われる。また、冷戦体制崩壊後の状況もあってかなりのスペースを割いた第七章1の「マルクス主義の発展と凋落」は、反発を含めてかなりの反響があった。

しかし他方で、本書はただの通史にすぎないという専門家の冷ややかな反応や批判がなかったわけではない。そうした反応や批判に対して著者は、これまでの社会思想史のテキストには本書のような包括的な視点がなかったこと、また近代啓蒙主義的な進歩史観では社会思想史の重要な古典的遺産の現代的意義が切り捨てられてしまうという観点から反論したが、本書が二〇〇九年の一二刷まで版を重ねるロングセラーとなり、二万人以上に読まれたという事実に鑑みても、本書のような包括的視点から記された類書が現れなかったという点は指摘しておきたい。

とはいえ、現在から見て一九九二年刊行の時点で書いておくべきだったという反省点もなくはない。

特にそれを感じるのは、フェミニズム思想の位置づけである。当時の私は、ルソーの『エミール』が彼の同時代人であり、フェミニズム思想の先駆者であったメアリ・ウルストンクラフトによって痛烈に批判されていたことを失念していた。したがって、新版では、第四章の末尾に記された「ルソーと現代」の箇所に次のような文書を加えている。

ルソーが『エミール』で示した教育論は、民主主義的な人間教育の古典とも言われてきたが、この書の下巻に登場する男子とは異なる女子（ソフィー）の教育論の偏見の故に彼の思想が批判されることも多い。思想史的にみれば、ルソーにおける女性観の歪みを批判したのは、イギリスのメアリ・ウルストンクラフト（一七五九―九七）の『女性の権利の擁護』（一七九二）であり、彼女はフェミニズム思想の先駆者とみなされている。（本書一一〇頁）

なお、その他の箇所に関しては、本文は二、三の微修正に留め、各章の文献と巻末の参考文献は、著者が知る限りのアップデートを行った。もし見落としている文献があれば、読者の寛恕を乞わなければならないと思っている。

2　社会思想的課題の展開

そのような意味で、本書には時代制約的限界があるので、ここで本書を読み終えた読者に、著者独自の観点から、本書の末尾にあたる第七章3「社会思想の今日的課題」がこの三〇年間にどのような展開・発展を見せているかを描く形で、一九九二年以降の社会思想的課題を提供してみたい（なお、著者は本書刊行と現在の中間にあたる二〇〇九年に『社会思想史を学ぶ』（ちくま新書）を刊行したが、本稿はそこで詳細に述べたテーマを補完する内容となっている）。

本書第七章で「社会思想の今日的課題」として一九九二年当時の著者が記した内容は、一九八〇年代に起こった「モダンの終焉か復権か」というテーマが特殊西欧的な争点にすぎず、冷戦体制終了後の一九九〇年代に入ってより大きな社会思想的課題が浮かびあがってきたこと、そしてその課題は、近代的自然観の再検討、国家主権の乗り越えと民族問題、ポスト・マルクス主義と正義・平和・人権の三つに大別されることであった。そしてその後の三〇年余りを振り返るならば、これらの課題は、ヨーロッパを超えたグローバルなレベルでますます重要度・深刻度を増してきたことは否めない。

「近代的自然観の再検討」に関して

本書で指摘したフランシス・ベイコンに始まりフランスの啓蒙主義などで熱狂的に支持された「人間が自然を支配することによって技術の進展と社会の進歩を促す」という思想の再検討という課題は、ますます重要度を増している。それは、国際情勢の悪化と共に軍事技術の進歩が加速化して人類破滅のリスクを高めていること、「原子力の平和利用（Atoms for Peace）」というＩＡＥＡ（国際原子力機関）などの掛け声にもかかわらず、二〇一一年三月の東日本大震災で起こった福島第一原発事故を機に、技術だけではコントロールできない原発問題（安全性や高レベル放射性廃棄物の処理問題）が露呈し、解決困難な課題として人々に突き付けられていること、また二〇〇〇年代から人口に膾炙し始めた「人新世（Anthropocene)」という概念が示すように、人間の活動が気候危機や生物多様性の喪失を招いているという認識が世界中に広まっていることなどに、顕著に表れている。そしてその克服のためには、技術が人類の破滅ではなく真の福祉を推進するために存在するという思想を全世界に広め、たとえばハンス・ヨナス(一九〇三―九三)が唱えたように、人間を自然の一員とみなしつつ、未来世代に対する責任倫理を涵養するという課題が人々の間に浸透しなければならないように思われる。

「国家主権の乗り越えと民族問題」に関して

本書刊行後、西ヨーロッパ諸国では、EUのような超国家連合が発足する一方で、一九八〇年代には予想できなかったような悲惨な出来事が相次いだ。それは、多民族国家のユーゴスラヴィアの解体によって起こったボスニア・ヘルツェゴビナでの約二〇万人もの死者を出した内戦やNATOによるコソボ空爆、そして二一世紀元年の九月一一日にアメリカで起こった同時多発テロ事件とそれに続くアメリカのアフガン空爆、そして二〇〇三年三月に国連安全保障理事会の決議を経ずにアメリカが行った不当なイラク戦争とその負の余波(イスラム国の台頭など)、二〇一一年に起こったシリア内戦による大量の難民問題、さらに二〇二二年二月二四日に起こったウクライナへのロシア軍の侵略と二〇二三年一〇月に再び火を噴いたパレスチナ・イスラエル情勢の緊迫化など、一筋縄ではいかない複雑な悪化の様相を呈している。

そうした中で、国家主権の乗り越えは、以前にも増して慎重に考えるべき問題となっている。国家主権の乗り越えは、上記の気候危機や生態学的危機などの乗り越えのためには必要であり、また著名な経済学者アマルティア・セン（一九三三―　）と元国連難民高等弁務官緒方貞子（一九二七―二〇一九）によって唱えられた「人間の安全保障」という思想が世界に広がるためにも必要である。しかし他方では、最近のロシアによるウクライナ侵攻などにみられるような国家主権の乗り越えが大国の帝国主義的支配と結びつくことがあってはならないし、また現在のパレスチナ問題は、人々の平和生存権の保障のために「国家主権確立」の必要がある地域が現存することも忘れてはならない。

民族問題に関して言えば、一九四六年に発足したユネスコ憲章前文が謳う「相互の風習と生活を知らないことは、人類の歴史を通じて世界の諸人民の間に疑惑と不信をおこした共通の原因であり、この疑惑と不信のために、諸人民の不一致があまりにもしばしば戦争となった」という認識を徹底させ、たとえばカナダの哲学者チャールズ・テイラー（一九三一―　）やウィル・キムリッカ（一九六二―　）が強調するような、先住民族や国内の少数民族の権利を含めた「多様な民族間の相互尊重ないし相互承認」という課題が「多文化共生」教育などで滲透していかなければならないだろう。

「ポスト・マルクス主義と正義・平和・人権」に関して

まず正義に関して言えば、本書第五章の末尾（一四三頁）では、「『公正としての正義』を唱えるアメリカのロールズ（一九二一―二〇〇二）らが社会契約論的発想を復権させ、功利主義に代わる新たな自由主義の哲学的基礎づけをめざしている」と簡単に記しているが、その後の正義論はさらなる展開をみせている。具体的に言えば、二〇世紀末頃から「環境保全と社会的公正」の両立をめざす「環境正義」論が台頭し、二〇一〇年代に入ってからは、化石燃料を大量に消費したことで引き起こされた気候変動の影響が途上国の人々へ被害を与えている現状の変革を求める人権問題だとみなしそれを正す「気候正義」論が台頭して、上記の生態学的問題と連動するようになった。また人権侵害に対処する正義も、「報復的正義（Retributive justice）」を超えるような、償いを前提としつつ加害者と被害者、および加害者と社会の関係修復に焦点を合わせ、「謝罪→何らかの償い→赦し」というプロセスを基調とした「修復的正義（Restorative justice）論」や、戦争や圧政などにみられるような大規模で起こった人権侵害と向き合い、それを正すような「移行期正義（Transitional justice）論」などが盛んに議論されていることも指摘しておきたい。

平和に関して言えば、本書ではホッブズ、スピノザ、カントの平和論を述べているが、ニュアンスの違いはあるものの、そのいずれもが人間の「平和生存権の保障」に関するものであった。現代では、ノルウェー人で親日家のヨハン・ガルトゥング（一九三〇―二〇二四）が、戦争のない状態としての「消極的平和（Negative peace）」と、「貧困、抑圧、差別などの構造的暴力（他者の殺傷、分極化および支配関係、憎悪の有機的組織など）のない状態としての積極的平和（Positive peace）」を区別し、双方の実現可能性を追求しているが、これは平和と正義と人権を統合した包括的な平和思想と言える。前述のユネスコ（国連教育科学文化機関）憲章前文は、「戦争は人の心の中で生れるものであるから、人の心の中に平和のとりでを築かなければならない」とも謳っており、これからの平和教育は、複雑に絡み合う世界情勢の冷静な認識と共に、人間形成教育としても遂行されなければならないだろう。

本書の最後に述べた「今日それ（人権）は「歴史性・身体性・言語性」という次元で各人が他とは異なる次元をもつ、かけがえのない存在者であること、そのような個体であるからこそ相互に尊重しあわねばならないことの認識にもとづいて考えられねばならない」という課題は、近年唱えられるようになった「多様性とインクルージョン」という理念に符合している。「「人権」は、多様性と切り離しえず、むしろ多様性の深みにおいてロゴス化されねばならないのである」という本書の締めの言葉は、今後もずっと続いていく大きな実践的課題であろう。

二〇二三年一〇月末日

著　者

参考文献

ハンス・ヨナス『責任という原理』(加藤尚武訳、東信堂、二〇〇〇)
アマルティア・セン『人間の安全保障』(東郷えりか訳、集英社、二〇〇六)
アマルティア・セン『グローバリゼーションと人間の安全保障』(山脇直司解題、加藤幹雄訳、日本経団連出版、二〇〇九。ちくま学芸文庫、二〇一七)
チャールズ・テイラー他『マルチカルチュラリズム』(佐々木毅他訳、岩波書店、一九九六)
ウィル・キムリッカ他『多文化主義のゆくえ』(稲田恭明・施光恒訳、法政大学出版局、二〇一六)
ジョン・ロールズ『公正としての正義　再説』(田中成明他訳、岩波現代文庫、二〇二〇)
K・シュレーダー=フレチェット『環境正義』(奥田太郎・寺本剛・吉永明弘監訳、勁草書房、二〇二二)
ヨハン・ガルトゥング『平和学の基礎』(藤田明史編訳、法律文化社、二〇一九)

参考文献

通　史

南原繁『政治理論史』（東京大学出版会、一九六二）
福田歓一『政治学史』（東京大学出版会、一九八五）
ウォーリン『西欧政治思想史』Ⅰ～Ⅴ（尾形典男他訳、福村出版、一九七五―八三）
藤原保信『西洋政治理論史』（早稲田大学出版部、一九八五）
パーキンソン『国際関係の思想』（初瀬瀧平・松尾雅嗣訳、岩波書店、一九九一）
『キリスト教史』全十一巻（上智大学中世思想研究所編訳、平凡社ライブラリー、一九九六―九七）

第一章　古代ギリシアの社会思想

ハイニマン『ノモスとピュシス』（廣川洋一他訳、みすず書房、一九八三）
田中美知太郎『プラトン』Ⅳ「政治理論」（岩波書店、一九八四）
納富信留『ソフィストとは誰か』（ちくま学芸文庫、二〇一五）
納富信留『プラトンとの対話　対話篇をよむ』（岩波新書、二〇一五）
廣川洋一『プラトンの学園アカデメイア』（講談社学術文庫、一九九九）
佐々木毅『よみがえる古代思想』（講談社、二〇〇三）
佐々木毅『プラトンの呪縛』（講談社学術文庫、二〇〇〇）
シュトラウス『自然権と歴史』（塚崎智・石崎嘉彦訳、昭和堂、一九八八）
ブルーム『アメリカン・マインドの終焉』（菅野循樹訳、みすず書房、一九八八）
ポパー『開かれた社会とその敵』1（小河原誠訳、岩波文庫、二〇二三）
ケルゼン『プラトニック・ラヴ』（長尾龍一訳、木鐸社、一九七九）

ラッセル『西洋哲学史』1（市井三郎訳、みすず書房、一九七〇）
ロイド『アリストテレス』（川田殖訳、みすず書房、一九七三）
岩田靖夫『アリストテレスの倫理思想』（岩波書店、一九八五）
岩田靖夫『アリストテレスの政治思想』（岩波書店、二〇一〇）
山本芳久『アリストテレス『ニコマコス倫理学』（NHKテキスト）』（NHK出版、二〇二三）
アーレント『人間の条件』（志水速雄訳、ちくま学芸文庫、一九九四）
マッキンタイアー『美徳なき時代』（篠崎栄訳、みすず書房、一九九三）

第二章　古代末期と中世の社会思想

ブラン『ストア哲学』（有田潤訳、クセジュ文庫、白水社、一九五九）
ダントレーヴ『自然法』（久保正幡訳、岩波書店、一九五二）
川本愛『コスモポリタニズムの起源』（京都大学学術出版会、二〇一九）
モラル『中世の政治思想』（柴田平三郎訳、平凡社ライブラリー、二〇〇五）
柴田平三郎『アウグスティヌスの政治思想』（未来社、一九八五）
柴田平三郎『トマス・アクィナスの政治思想』（岩波書店、二〇一四）
ヴェルジュ『中世の大学』（大高順雄訳、みすず書房、一九七九）
山本芳久『トマス・アクィナス』（岩波書店、二〇一七）
稲垣良典『トマス・アクィナス』（思想学説全書、勁草書房、一九七九）
佐々木亘『共同体と共同善』（知泉書館、二〇〇八）
ケルゼン『自然法論と法実証主義』（黒田覚・長尾龍一訳、木鐸社、一九七三）
トーピッチュ『科学的思考と神話的思考』（住谷一彦訳、未来社、一九八五）
マリタン『人間と国家』（久保正幡・稲垣良典訳、創文社、一九六二）
マリタン『全きヒューマニズム』（荒木慎一郎訳、知泉書館、二〇二三）

第三章　政治・宗教・自然観の転換

城塚登『近代社会思想史』(東京大学出版会、一九六〇)
高島善哉他『社会思想史概論』(岩波書店、一九六二)
フォルレンダー『マキャヴェリからレーニンまで』(宮田光雄監訳、創文社、一九七八)
マイネッケ『近代史における国家理性の理念』(菊盛英夫・生松敬三訳、みすず書房、一九六〇)
ダントレーヴ『国家とは何か』(石上良平訳、みすず書房、一九七二)
佐々木毅『マキアヴェッリの政治思想』(岩波書店、一九七〇)
佐々木毅『宗教と権力の政治』(講談社、二〇〇三)
ポーコック『マキァヴェリアン・モーメント』(田中秀夫他訳、名古屋大学出版会、二〇〇七)
塚田富治『トマス・モアの政治思想』(木鐸社、一九七八)
升味準之輔『ユートピアと権力』上下(東京大学出版会、一九八六)
マンハイム『イデオロギーとユートピア』(高橋徹・徳永恂訳、中公クラシックス、中央公論新社、二〇〇六)
オーウェル『一九八四年』(新庄哲夫訳、ハヤカワ文庫、一九七二)
ハックスリー『すばらしい新世界』(松村達雄訳、講談社文庫、一九七四)
有賀弘『宗教改革とドイツ政治思想』(東京大学出版会、一九六六)
モンター『カルヴァン時代のジュネーヴ』(中村賢二郎・砂原教男訳、ヨルダン社、一九七八)
フロム『自由からの逃走』(日高六郎訳、東京創元社、一九六五)
トムソン『イグナチオとイエズス会』(中野記偉訳、講談社学術文庫、一九九〇)
バターフィールド『近代科学の誕生』上下(渡辺正雄訳、講談社学術文庫、一九七八)
コイレ『閉じた世界から無限の宇宙へ』(横山雅彦訳、みすず書房、一九七三)
クーン『コペルニクス革命』(常石敬一訳、講談社学術文庫、一九八九)
渡辺正雄編著『ケプラーと世界の調和』(共立出版社、一九九一)
コイレ『ガリレオ研究』(菅谷暁訳、法政大学出版局、一九八八)

花田圭介『フランシス・ベイコン研究』(御茶の水書房、一九九三)
シュペーマン／レーヴ『進化論の基盤を問う』(山脇直司他訳、東海大学出版会、一九八七)
フッサール『ヨーロッパ諸学の危機と超越論的現象学』(細谷恒夫・木田元訳、中央公論社、一九七四)
ホワイトヘッド『科学と近代世界』(上田泰治・村上至孝訳、松籟社、一九八一)
バーリン『ヴィーコとヘルダー』(小池銈訳、みすず書房、一九八一)
ディルタイ『精神科学における歴史的世界の構成』(尾形良助訳、以文社、一九八一)
トインビー『歴史の研究』(長谷川松治訳、中公バックス、一九七九)
クーン『科学革命の構造』(中山茂訳、みすず書房、一九六二)

第四章　社会契約思想

佐々木毅『主権・抵抗権・寛容』(岩波書店、一九七三)
トロイマン『モナルコマキ 人民主権論の源流』(小林高輔・佐々木高雄訳、学陽書房、一九七六)
山内進『グロティウス『戦争と平和の法』の思想史的研究』(ミネルヴァ書房、二〇二一)
ヨンパルト／桑原武夫『人民主権思想の原点とその展開』(成文堂、一九八五)
福田歓一『近代政治原理成立史研究』(岩波書店、一九七一)
水田洋『近代人の形成』(東京大学出版会、一九五四)
藤原保信『近代政治哲学の形成』(早稲田大学出版部、一九七四)
シュトラウス『ホッブズの政治学』(添谷育志他訳、みすず書房、一九九〇)
オークショット他『リヴァイアサン序説』(中金聡訳、法政大学出版局、二〇〇七)
加藤節『近代政治哲学と宗教』(東京大学出版会、一九七九)
ダン『ジョン・ロック』(加藤節訳、岩波書店、一九八七)
マクファーソン『所有的個人主義の政治理論』(藤野渉他訳、合同出版、一九八〇)
ノージック『アナーキー・国家・ユートピア』上下(嶋津格訳、木鐸社、一九八五、八九)
川出良枝『貴族の徳、商人の精神』(東京大学出版会、一九九六)

ドゥラテ『ルソーとその時代の政治学』(西嶋法友訳、九州大学出版会、一九八六)
吉岡知哉『ジャン＝ジャック・ルソー論』(東京大学出版会、一九八八)
川合清隆『ルソーとジュネーヴ共和国』(名古屋大学出版会、二〇〇七)
カッシラー『自由と形式 ドイツ精神史序説』(中埜肇訳、ミネルヴァ書房、一九七二)
中村博雄『カント政治哲学序説』(成文堂、二〇〇〇)
網谷壮介『共和政の理念 イマニュエルカントと一八世紀末プロイセンの「理論と実践」論争』(法政大学出版局、二〇一八)
柴田寿子『スピノザの政治思想』(未来社、二〇〇〇)
吉田量彦『スピノザ』(講談社現代新書、二〇二二)
國分功一郎『スピノザ 読む人の肖像』(岩波新書、二〇二二)

第五章　市民(経済・産業)社会論

ホント／イグナティエフ『富と徳』(水田洋他訳、未来社、一九九〇)
田中秀夫『共和主義と啓蒙』(ミネルヴァ書房、一九九八)
田中秀夫・山脇直司編『共和主義の思想空間』(名古屋大学出版会、二〇〇六)
水田洋『アダム・スミス研究』(新装版、未来社、二〇〇〇)
堂目卓生『アダム・スミス『道徳感情論』と『国富論』の世界』(中公新書、二〇〇八)
ハイエク『法と立法と自由』1〜3(気賀健三他訳、春秋社、一九八七―八八)
ハイエク『科学による反革命』(佐藤茂行訳、木鐸社、一九七九)
ブキャナン『経済学の考え方』(田中清和訳、多賀出版、一九九一)
ローザンヴァロン『ユートピア資本主義』(長谷川俊雄訳、国文社、一九九〇)
フュレ『フランス革命を考える』(大津真作訳、岩波書店、一九八七)
白井厚『ウィリアム・ゴドウィン研究』(未来社、一九七二)
プラムナッツ『イギリスの功利主義者たち』(堀田彰他訳、福村出版、一九七四)

西尾孝司『イギリス功利主義の政治思想』(八千代出版、一九八八)
若松繁信『イギリス自由主義史研究』(ミネルヴァ書房、一九九一)
ロールズ『正義論』(川本隆史・福間聡・神島裕子訳、紀伊国屋書店、二〇一〇)
南原繁『フィヒテの政治哲学』(岩波書店、一九七〇)
清水満『フィヒテの社会哲学』(九州大学出版会、二〇一三)
熊谷英人『フィヒテ「二十二世紀」の共和国』(岩波書店、二〇一九)
高田純『現代に生きるフィヒテ』(行路社、二〇一七)
『講座ドイツ観念論』第三～六巻(廣松渉他編、弘文堂、一九九〇)
イポリット『マルクスとヘーゲル』(宇津木正・田口英治訳、法政大学出版局、一九七〇)
リーデル『ヘーゲル法哲学』(清水正徳・山本道雄訳、福村出版、一九七八)
藤原保信『ヘーゲルの政治哲学』(〈藤原保信著作集〉第二巻、新評論、二〇〇七)
テイラー『ヘーゲルと近代社会』(渡辺義雄訳、岩波モダンクラシックス、二〇〇〇)
アドルノ『三つのヘーゲル研究』(渡辺祐邦訳、ちくま学芸文庫、二〇〇六)
ポラード／ソルト編『ロバート・オウェン 貧民の預言者』(根本久雄・畠山次郎訳、青弓社、一九八五)
関嘉彦『イギリス労働党史』(社会思想社、一九六九)
シャルトレティー『サン・シモン主義の歴史』(沢崎治平・小杉隆英訳、法政大学出版局、一九八六)
マニュエル『サン・シモンの新世界』上下(森博訳、恒星社厚生閣、一九七五)
中嶋洋平『社会主義前夜 サン＝シモン、オーウェン、フーリエ』(ちくま新書、二〇二二)
社会思想史の窓刊行会『アソシアシオンの想像力 初期社会主義思想への新視角』(平凡社、一九八九)
シュタイン『平等主義と社会主義』(石川三義他訳、法政大学出版局、一九九〇)
坂上孝『プルードンの社会革命論』(平凡社ライブラリー、二〇二三)
金山準『プルードン 反「絶対」の探究』(岩波書店、二〇二二)
宇野重規『トクヴィル 平等と不平等の理論家』(講談社学術文庫、二〇一九)
アロン『自由の論理』(曽村保信訳、荒地出版社、一九七〇)

廣松渉『マルクス主義の地平』（勁草書房、一九七五。講談社学術文庫、一九九一）
廣松渉『マルクスと歴史の現実』（平凡社ライブラリー、一九九九年）

第六章　理性的「人間‐世界」観への挑戦

ボウラー『進化思想の歴史』上下（鈴木善次他訳、朝日新聞社、一九八七）
米本昌平他『優生学と人間社会』（講談社新書、二〇〇〇）
ブロイアー『社会生物学論争』（垂水雄二訳、どうぶつ社、一九八八）
『講座　進化』2「進化思想と社会」（柴谷篤弘他編、東京大学出版会、一九九一）
コスロフスキ他編『進化と自由』（山脇直司他訳、産業図書、一九九一）
パラディス・ウィリアムズ『進化と倫理』（小林伝司訳、産業図書、一九九五）
中田光雄『ベルクソン哲学』（東京大学出版会、一九七七）
レーヴィット『ヘーゲルからニーチェへ』1・2（柴田治三郎訳、岩波書店、一九五二）
三島憲一『ニーチェとその影』（講談社学術文庫、一九九七）
三島憲一『ニーチェかく語りき』（岩波現代文庫、二〇一六）
小此木啓吾『フロイト』（講談社学術文庫、一九八五）
河合隼雄『ユング心理学入門』（培風館、一九六七）
サミュエルズ『ユングとポストユンギアン』（村本昭司・村本邦子訳、創元社、一九九〇）
ギャロップ『ラカンを読む』（富山太佳夫他訳、岩波モダンクラシックス、二〇〇〇）
向井雅明『ラカン入門』（ちくま学芸文庫、二〇一六）

第七章　社会思想の二十世紀的展開

レヴィン『レーニン最後の闘争』（河合秀和訳、岩波書店、一九六九）
ゲイ『ベルンシュタイン』（長尾克子訳、木鐸社、一九八〇）
マイヤー『ドイツ社会民主主義入門』（徳永重良・佐藤忍訳、ミネルヴァ書房、一九八七）

ブラウンタール『社会主義の第三の道』(上条勇訳、梓出版社、一九九〇)
リヒトハイム『社会主義小史』(庄司興吉訳、みすず書房、一九七九)
伊藤成彦『ローザ・ルクセンブルグの世界』(社会評論社、一九九一)
加藤一夫『アポリアとしての民族問題』(社会評論社、一九九一)
パーキンソン『ルカーチ』(青木順三他訳、未来社、一九八三)
ボッビオ『グラムシ思想の再検討』(小原耕一他訳、御茶の水書房、二〇〇〇)
ヒューズ『意識と社会』(生松敬三・荒川幾男訳、みすず書房、一九七〇)
宮島喬『デュルケム社会理論の研究』(東京大学出版会、一九七七)
折原浩『デュルケームとウェーバー』上下(三一書房、一九八一)
モムゼン『マックス・ウェーバー』(中村貞二他訳、未来社、一九七七)
野口雅弘『マックス・ウェーバー 近代と格闘した思想家』(中公新書、二〇二〇)
今野元『マックス・ウェーバー 主体的人間の悲劇』(岩波新書、二〇二〇)
和仁陽『教会・公法学・国家』(東京大学出版会、一九九〇)
蔭山宏『カール・シュミット ナチスと例外状況の政治学』(中公文庫、二〇二〇)
牧野雅彦『危機の政治学 カール・シュミット入門』(講談社選書メチエ、二〇一八)
アーレント『全体主義の起原』1〜3(大久保和郎他訳、みすず書房、一九七二—七四)
ジェイ『弁証法的想像力』(荒川幾男訳、みすず書房、一九七五)
ジェイ『アドルノ』(木田元・村岡晋一訳、岩波書店、一九八七)
細見和之『フランクフルト派』(中公新書、二〇一四)
重田園江『ミシェル・フーコー 近代を裏から読む』(ちくま新書、二〇一一)
山脇直司『社会思想史を学ぶ』(ちくま新書、二〇〇九)
山脇直司他編『ネイションの軌跡』(新世社、二〇〇一)
山脇直司『グローカル公共哲学』(東京大学出版会、二〇〇八)

人名索引

ア 行

カ 行

サ　行

タ　行

マ　行

ヤ 行

ラ 行

ワ

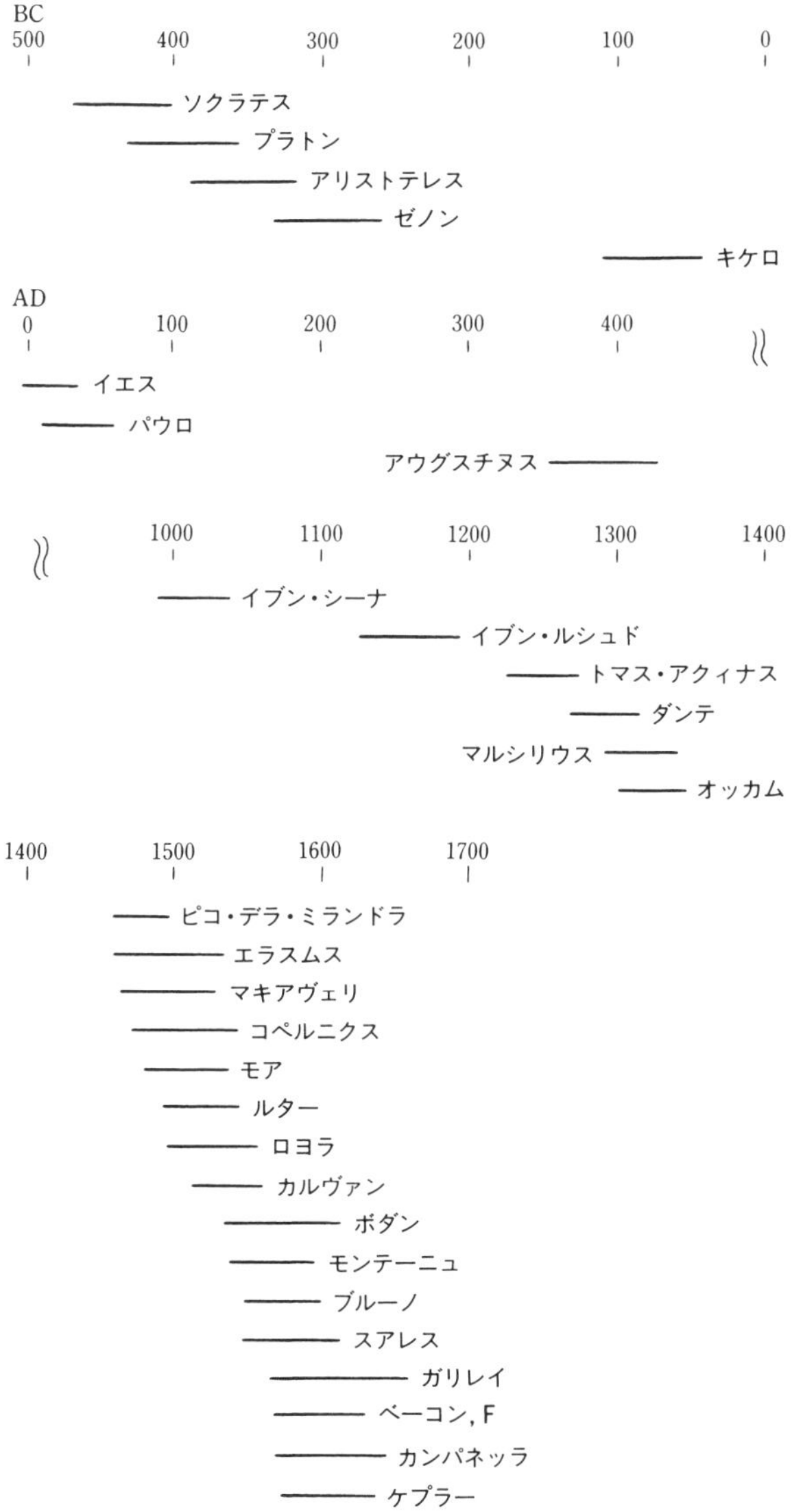
BC
500
400
300
200
100
0
ソクラテス
プラトン
アリストテレス
ゼノン
キケロ
AD
0
100
200
300
400
イエス
パウロ
アウグスチヌス
1000
1100
1200
1300
1400
イブン・シーナ
イブン・ルシュド
トマス・アクィナス
ダンテ
マルシリウス
オッカム
1400
1500
1600
1700
ピコ・デラ・ミランドラ
エラスムス
マキアヴェリ
コペルニクス
モア
ルター
ロヨラ
カルヴァン
ボダン
モンテーニュ
ブルーノ
スアレス
ガリレイ
ベーコン, F
カンパネッラ
ケプラー

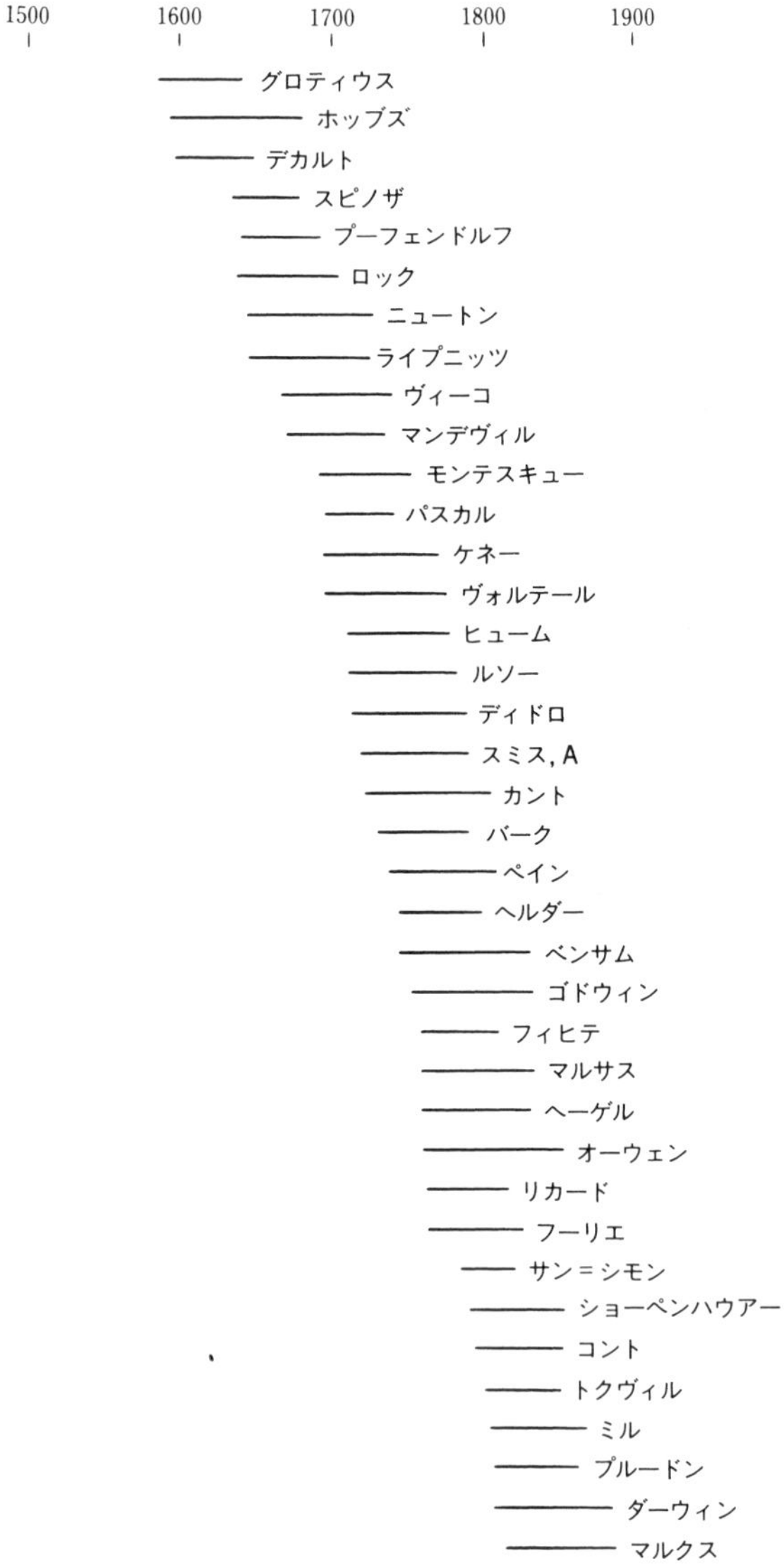
1500
1600
1700
1800
1900
グロティウス
ホッブズ
デカルト
スピノザ
プーフェンドルフ
ロック
ニュートン
ライプニッツ
ヴィーコ
マンデヴィル
モンテスキュー
パスカル
ケネー
ヴォルテール
ヒューム
ルソー
ディドロ
スミス, A
カント
バーク
ペイン
ヘルダー
ベンサム
ゴドウィン
フィヒテ
マルサス
ヘーゲル
オーウェン
リカード
フーリエ
サン＝シモン
ショーペンハウアー
コント
トクヴィル
ミル
プルードン
ダーウィン
マルクス

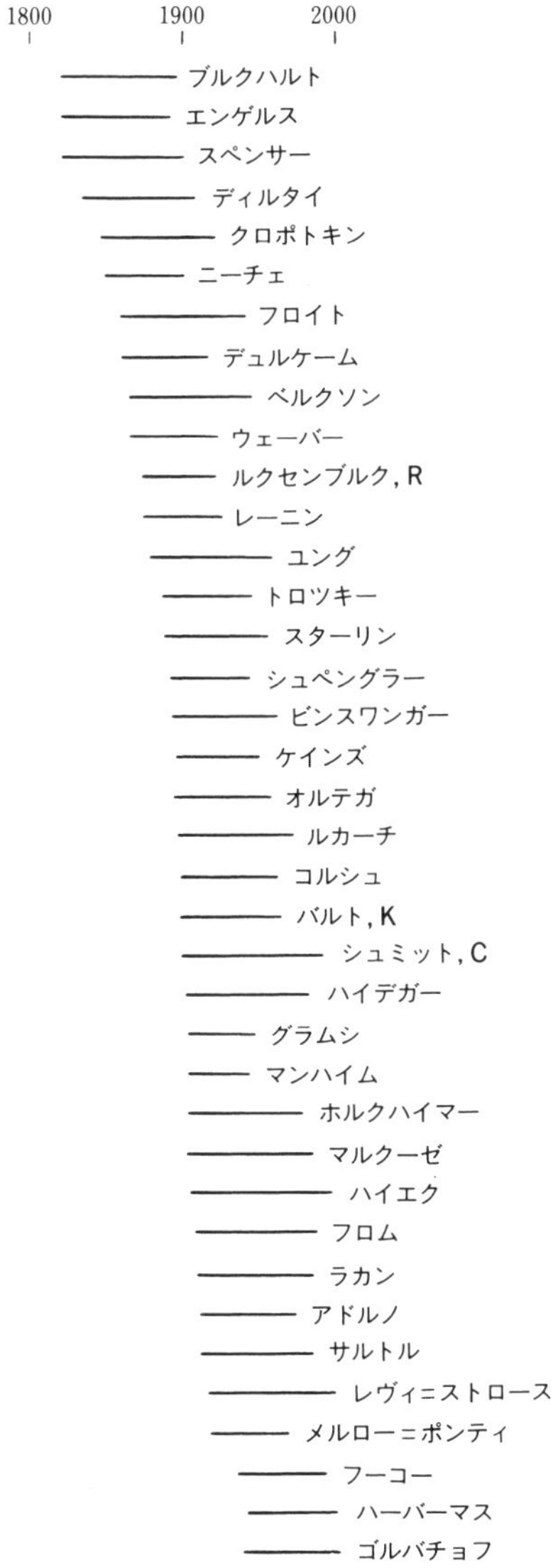
1800
1900
2000
ブルクハルト
エンゲルス
スペンサー
ディルタイ
クロポトキン
ニーチェ
フロイト
デュルケーム
ベルクソン
ウェーバー
ルクセンブルク, R
レーニン
ユング
トロツキー
スターリン
シュペングラー
ビンスワンガー
ケインズ
オルテガ
ルカーチ
コルシュ
バルト, K
シュミット, C
ハイデガー
グラムシ
マンハイム
ホルクハイマー
マルクーゼ
ハイエク
フロム
ラカン
アドルノ
サルトル
レヴィ=ストロース
メルロー=ポンティ
フーコー
ハーバーマス
ゴルバチョフ

山脇直司（やまわき・なおし）
東京大学名誉教授。1949年生まれ。一橋大学経済学部卒業、上智大学大学院哲学研究科を経て、ミュンヘン大学にて哲学博士号を取得。1988年東京大学教養学部助教授、1993年から2013年まで同教授および1996年以降東京大学大学院総合文化研究科国際社会科学専攻教授。2013年星槎大学教授、2019年から2023年まで同学長。
主な著書に、『ヨーロッパ社会思想史』（東京大学出版会、1992年）、『公共哲学とは何か』（ちくま新書、2004年）、『グローカル公共哲学』（東京大学出版会2008年）、『社会とどうかかわるか』（岩波ジュニア新書、2008年）、『社会思想史を学ぶ』（ちくま新書、2009年）、『公共哲学からの応答』（筑摩書房、2011年）、『科学・技術と社会倫理』（編著、東京大学出版会、2015年）、『教養教育と統合知』（編著、東京大学出版会、2018年）などがある。

ヨーロッパ社会思想史　新版

1992年 3 月 25 日　初　版第 1 刷
2024年 1 月 25 日　新　版第 1 刷
2024年 4 月 25 日　新　版第 2 刷

［検印廃止］

著　者　山脇直司

発行所　一般財団法人　東京大学出版会

代表者　吉見俊哉
153-0041 東京都目黒区駒場 4-5-29
https://www.utp.or.jp/
電話 03-6407-1069　Fax 03-6407-1991
振替 00160-6-59964

印刷所　大日本法令印刷株式会社
製本所　牧製本印刷株式会社

ISBN 978-4-13-013154-4　Printed in Japan